ぼくは耳が聞こえない

それでも妻と一緒に住んだら人生幸せになった話

みゆみゆチャンネル

はじめに

はじめまして。「みゆみゆチャンネル」のトトです。「ろう者の日常」をテーマに、妻で聴者のゆっこと2人でYouTubeをやっています。

ぼくは生まれつき耳が聞こえません。父も母も妹もろう者のデフファミリーで育ちました。北海道で産まれてから、静岡→大分→秋田と日本各地へよく引っ越しをしましたが、「ぼくの故郷は?」と聞かれたらやはり北海道だと思っています。なぜなら北海道には母の実家があり、静岡に引っ越した後も1年に1回は帰っていたからです。そして、帰るたびに母の妹一家と会って、あちこち旅行したり、一緒に遊んでいました。

母の妹夫婦もろう者で、そしてその息子——ぼくの従弟《いとこ》にあたるのですが——は2人とも聴者、いわゆるコーダでした（ろう者のもとに産まれた聴者はChildren of Deaf Adults、略してCODAと呼ばれます）。ろう者並みに手話を使えたので、会うたびによく一緒に遊び、いっぱい話し、とても楽しかった思い出があります。

はじめに

ぼくは北海道でろう学校の幼稚園に通って以降、小学校、中学校、高校、大学、すべてでろう学校に通ってきました（正確には大学はろう学校ではないのですが、聴覚障がい者のための大学です）。第2章で詳しく紹介しますが、家の中でも両親と手話で話せたし、学校もずっとろう学校だったので手話ができる人に囲まれて、コミュニケーションにそこまで困ることはありませんでした。日常生活の中で、テレビで何を言っているかわからなかったり、お店で言いたいことが伝わらなかったりと、不便なことがちょっとあるぐらいでした。

それが初めて社会に出て、コミュニケーションがとれないことがこんなにも大変で不便なのかということを思い知らされました。ひと言で言うなら「絶望」です。

しかし、そんなときにゆっこと出会い、ぼくは変わることができました。

ぼくはもともと人見知りでネガティブな性格なのですが、社会に出て打ちのめされ、輪をかけてネガティブになっていきました。出会った頃は自分でも気づかないうちに「いや……」「でも……」といった否定的な言葉を発していたのですが、それをゆっこによく指摘された記憶があります。おかげさまで今はそういった言葉はかなり減りました。それだけでなく、さまざまな物事に以前より前向きに取り組めるなど明らかな変化がありました。ゆっこには本当に感謝しています。彼女に出会えてよかったと心から思っています。

当時、彼女には子どもがいたのですが、自然に一緒に暮らしていくことになりました。家族とのつながりも彼女が作ってくれたものだと思っています（このあたりについては第３章を読んでください）。

ある日、長女のみゆかに高校を卒業したらどうするのか聞いたところ「ユーチューバーになる」と言いました。それがその後の「みゆみゆチャンネル」につながります。最初はゆっことみゆかで始めた「みゆみゆチャンネル」でしたが、始めてから間もなくして、みゆかが途中で抜けてしまいます。その後、ゆっこは１人で頑張って続けていました。

ぼくはゆっこのそんな姿を見ていたので、「YouTube に出てほしい」と言われたときも助けになれたらと思い二つ返事で了解しました。こうすぐに返事できたのも、ゆっこと出会い、ぼく自身が何事にも前向きに取り組めるようになったからだと感じています（ゆっこに言わせるとまだまだブレーキをかけまくっているらしいのですが……)。

さて、「みゆみゆチャンネル」を続けた結果、今回、この書籍を発行することができました。内容はというと、ろう者のぼくがどのような日常を送っているのか、またゆっこは聴者としてろう者のぼくと暮らす中でどのようなことを考えているのか、エッセイという形でまとめています。第1章には、ろう者のマンガ家であるミカヅキユミさんにぼくたちのストーリーをマンガで描いていただきました。ぜひ読んでみてください。

今回、なぜかカバーにぼくの写真が使われていて、正直今でも恥ずかしい。せめてカバーだけでも差し替えてもらえないかと密かに願っています(笑)。でも、自分が本のカバーになるのもなかなかない経験なので、今回はそのまま受け入れます。書店でこの本が置かれているのを見て、どういう感情を抱くのか、それも1つの楽しみにしてみようと思います。

それでは皆さん、最後までお付き合いください。

目次

第2章

出会うまでの2人の人生がすごすぎた 047

第3章

聞こえない彼と聞こえる彼女、同棲を始める 085

第5章

ブックデザイン　熊谷菜生
マンガ　ミカヅキユミ
撮影　木村文平
執筆協力　荒井奈央
校正　山崎春江
企画協力　(株)BitStar
編集　金子拓也

第1章

まずはマンガで2人の生活を綴ってみた

STORY 1 デフファミリー一家に起こった「とある出来事」

こんにちは
トトです
ゆっこです
ぼくの小さい頃の
話をします
ぼくは家族全員が
耳の聞こえない
デフファミリー育ちです
父
母
トト
妹

ぼくの家は
みんながどこにいるのか
わかるようドアは常に
開けっぱなしだった
トイレは
閉めていたけれど
早く出て
ほしいときは
もれる〜
早く出て!
パチパチ
パッ
パッ
早く出ろの合図だ!
トイレの電気を
つけたり消したりして
知らせていた
後ろを向いている
家族を
呼ぶときは
スリッパ
など
柔らかい物を
投げて呼ぶ
おーい
そしてぼくらは
手話で話す
なーに?
今日の
ごはんは何?
これが当たり前の
日常でした

ぼくと妹は
ろう学校に通っていて
学校や家では補聴器を
つけるよう言われていた
だからと言って
聴者と同じように
聞こえるわけではなく
音の識別は
できない
そんなある日
のことです
みんな耳が聞こえないから
家の中は基本的には
静かだ
最初に気づいたのは
妹だった
何か音が
しているような
気がする
ホント？
しかし……
？
どこから
この音が
するのか
わからない
？
ま、いいや
ごはん食べよう
うん！
実はその音の正体は……

リビングにある
目覚まし時計！
こんなにやかましく
鳴り響いているのに
家族の誰もが
気づかない

3日後
ピンポーン
来客を知らせてくれるお知らせランプ
お客さんだ 誰だろう
あら、お隣さんだわ どうしたのかしら
お宅から ベルのような音が ずっと聞こえていますよ
ええっ!!

家の中の時計を
1つ1つ確認した
違う
これじゃないな…
これも違うわ
そして
やっと……
わかった
これだ!
おーい
インテリアとして
置いていた時計だったが
誰かがいじって
たまたまスイッチが
入ってしまったのか?
なぜこうなって
しまったかはわからない
今度から
気をつけような
お隣さんに
教えて
もらって
よかったわ
妹が
いじったん
じゃないかな〜
と、ぼくは
今でも思っています

ここで、ぼくが使っていたろう者が寝坊しないためのアイテムを紹介します
時計を設定して
6:00
枕の下に入れると……
バイブレーションで起こしてくれるものです
他にも肩たたきとコンセントタイマーをつなげて
時間になったら肩たたきが起動して起きられるようにしていたこともあります
いろいろ工夫していたよ
現在はスマートウォッチを使用しています
目覚ましにバイブ機能がついているので起きられます
たまに私が起こしてあげてる…
たま〜にね

STORY 2 トトちゃん、働き始めたら聴者とすれ違いばかり

ぼくは小学校から高校まで
ろう学校で過ごした後
大学に入った
ぼくの大学生活と言えば……
パチンコに
麻雀と
ギャンブル三昧だった
ロン！
6年がかりで
何とか大学を卒業し
やった～
就職先も決まった
両親も
喜んで
くれました

ぼくが就職したところは
とある企業の
特例子会社だった
特例子会社とは
障がい者の雇用促進のため、障がい者に
特例の配慮をした子会社のことである
車いす用
スロープなど
環境配慮
筆談・手話など
意思疎通の配慮
障がいの
特性に応じて
休憩時間の
調整など
そのため
聴覚障がいにも理解がある
職場だと思っていた
ここで
頑張って仕事を
するぞ〜!!
ところが
現実は
そう
甘くはなかった

実際に働き始めてみると
周囲の会話がわからない
仕事の話？
雑談？
内容を知りたくて聞いてみたが
今の何の話ですか？
あ～
いいからいいから
大したことない話
そう言われるのは
こたえた
ぼくは目と目を合わせてから
話をするので
目が合っていない
状態で声をかけら
れてもわからない
お疲れ様
でーす
中山さん
それを見ていた同僚からとがめられる
こともあった
ちょっと!!
さっき
中山さんが
あいさつしてたわよ
なんで無視するの！
えっ
無視した
わけじゃない
のに
中山さん
気がつかなくて
ごめん
胸がぎゅっと
つぶれそうになる

また仕事のことで依頼者に確認しようとしたら
ここは丁寧に聞かなくちゃ
びっしりメモ
上司
トトくん筆談は大変だろう？私がやっておくから
かして
あ…
良かれと思ってやってくれているのかもしれないが信頼されていないように感じた
ぼくに任せてほしかった
聴覚障がい者の困り事があまり知られていないように感じた
ぼくの精神は次第に蝕まれていった

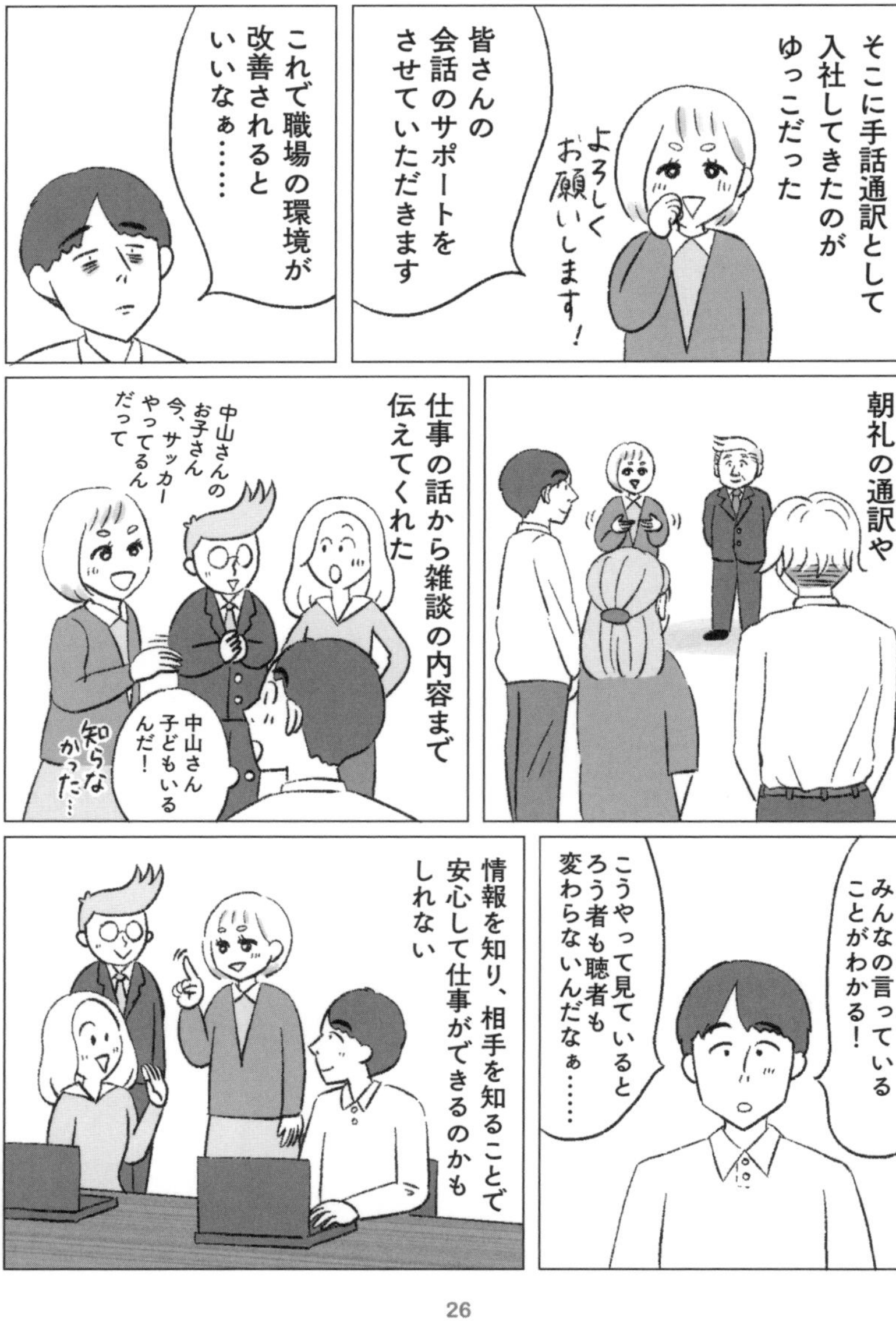
そこに手話通訳として
入社してきたのが
ゆっこだった
よろしくお願いします！
皆さんの
会話のサポートを
させていただきます
これで職場の環境が
改善されると
いいなぁ……
朝礼の通訳や
仕事の話から雑談の内容まで
伝えてくれた
中山さんのお子さん今、サッカーやってるんだって
中山さん子どもいるんだ！
知らなかった…
みんなの言っている
ことがわかる！
こうやって見ていると
ろう者も聴者も
変わらないんだなぁ……
情報を知り、相手を知ることで
安心して仕事ができるのかも
しれない

一方ゆっこは入社したばかりだったのでわからないことも多かった
覚えることがいっぱい！
書類の山
これはどこにやったらいいの〜
塩対応〜
ドキ…
いつもさりげなく助けてくれるトトが次第に気になっていく
会議の通訳の最中にわからない単語が出てきたときも
リスケしましょう
あわわわ
リスケって手話でどうやるの!?
あっこうするのか……
リスケ
なぜかゆっこの言葉を読み取って教えてくれるトト
会議終了後
トトさんさっきの内容伝わった？私ちゃんと通訳できてたかな？
全部わかったよ
大丈夫！
なんでわかるの？
私の手話めちゃくちゃなのに

私の拙《つたな》い手話を
読み取ってくれたり
安心感があって
私の方が
トトさんに
助けてもらってるなぁ
ぼくがゆっこさんを
フォローできるのは
言葉が通じるからこそ
ゆっこさんは
わからない単語が
あっても
リスケ…
リスケって
どうやるんだ
えーと
えーと
それでも
ぼくに見える方法で
言葉を伝えて
くれる
リ
ス
ケ

きみの言葉が見えるのが嬉しくて
きみをフォローできる自分が嬉しくて

楽しいと思ったんだ
こうして、ぼくたちは惹《ひ》かれ合った

今日はトトさんと初デートです
あっ 来た……
!?
ギョッ
私服だっっさ!!
会社でのイメージと全然違うやんけ
キリッ
IKE☆IKE NA ORE
タバコも吸うの!?
それでもトトを好きな気持ちは変わらなかった
タバコだけは体に良くないから絶対にやめさせよう
雑貨店入ってもいい?
いいぜ
ゆっこの決意によりトトが禁煙に成功するのはもう少し先の話

ゆっこはシングルマザーで2人の娘がいた
長女みゆか 当時10歳
次女ねね 当時6歳
今度トトさんに会ってみてほしいんだけどいいかな?
は〜い
トトさんよりも娘たちが優先であることは変わらない
もしも2人がイヤだと思ったならそれでいい
娘たちの気持ちを大事にしてあげたい
子どもの幸せのためにはまず私が幸せでいないとだし……
娘たちの気持ちと自分の気持ちとの間で揺れながらも
でも……トトさんとなら上手くいくような気がするんだよなー
根拠のない自信があった

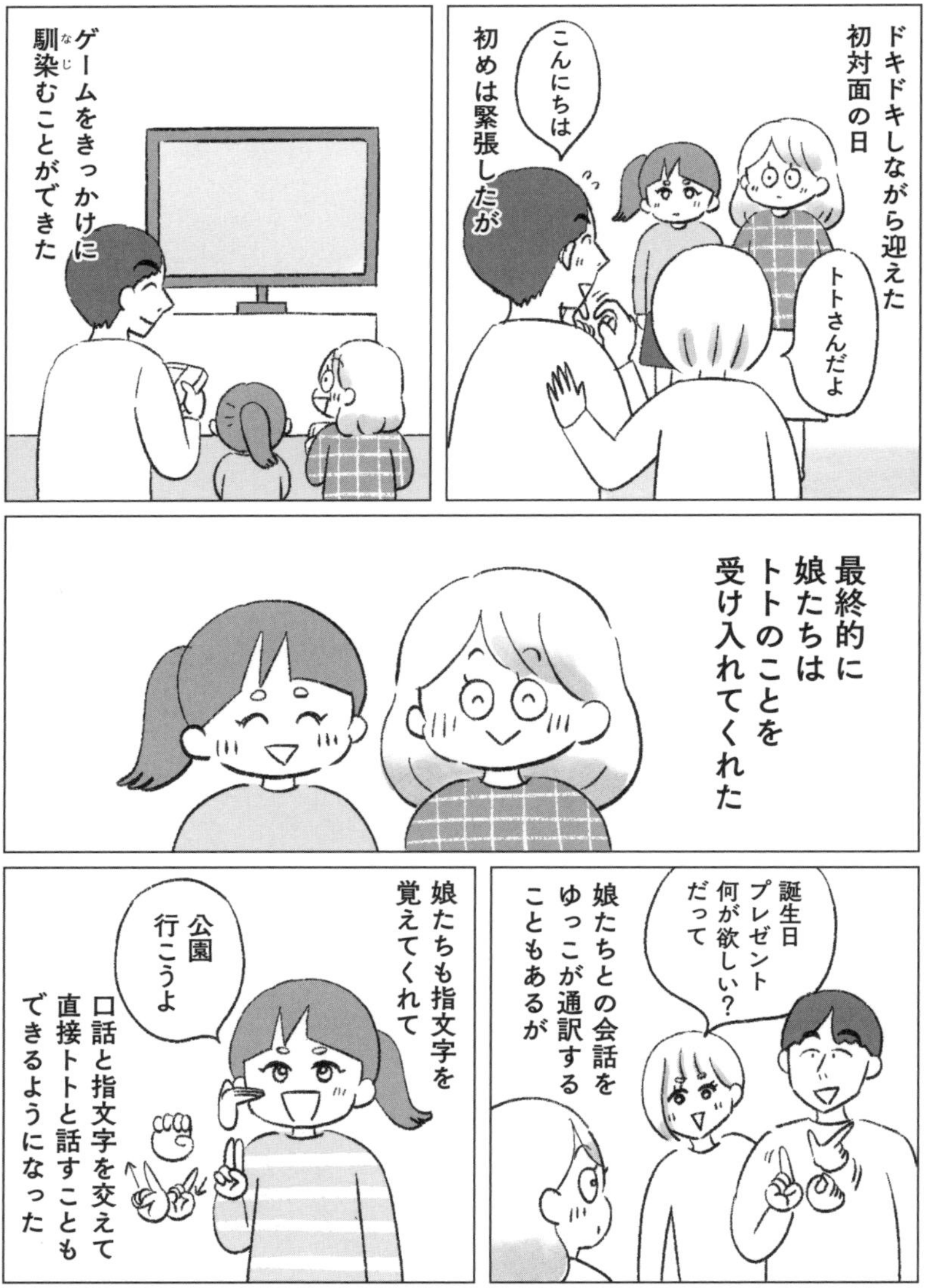
ドキドキしながら迎えた
初対面の日
トトさんだよ
こんにちは
初めは緊張したが
ゲームをきっかけに
馴染《なじ》むことができた
最終的に
娘たちは
トトのことを
受け入れてくれた
誕生日
プレゼント
何が欲しい？
だって
娘たちとの会話を
ゆっこが通訳する
こともあるが
娘たちも指文字を
覚えてくれて
公園
行こうよ
口話と指文字を交えて
直接トトと話すことも
できるようになった

やがてトトがゆっこの家に入る形で同居がスタート
よろしく
トトちゃん虫が出た～！とってぇ～!!
虫？
ぎゃーっまた出たー
ドタ
バタ
家が揺れている…
よーし任せなさい
バタ
ドタ
任務完了！
キュッ
わーい
率先して虫を退治してくれるトトの存在はゆっこ家にとって心強かったようだ（本当は虫が苦手です）
好きな人と一緒に住めて
経済的にも助かるし
子どものことも見てくれるし
家事もやってくれるし
虫もやっつけてくれるし
いいことしかな～い！

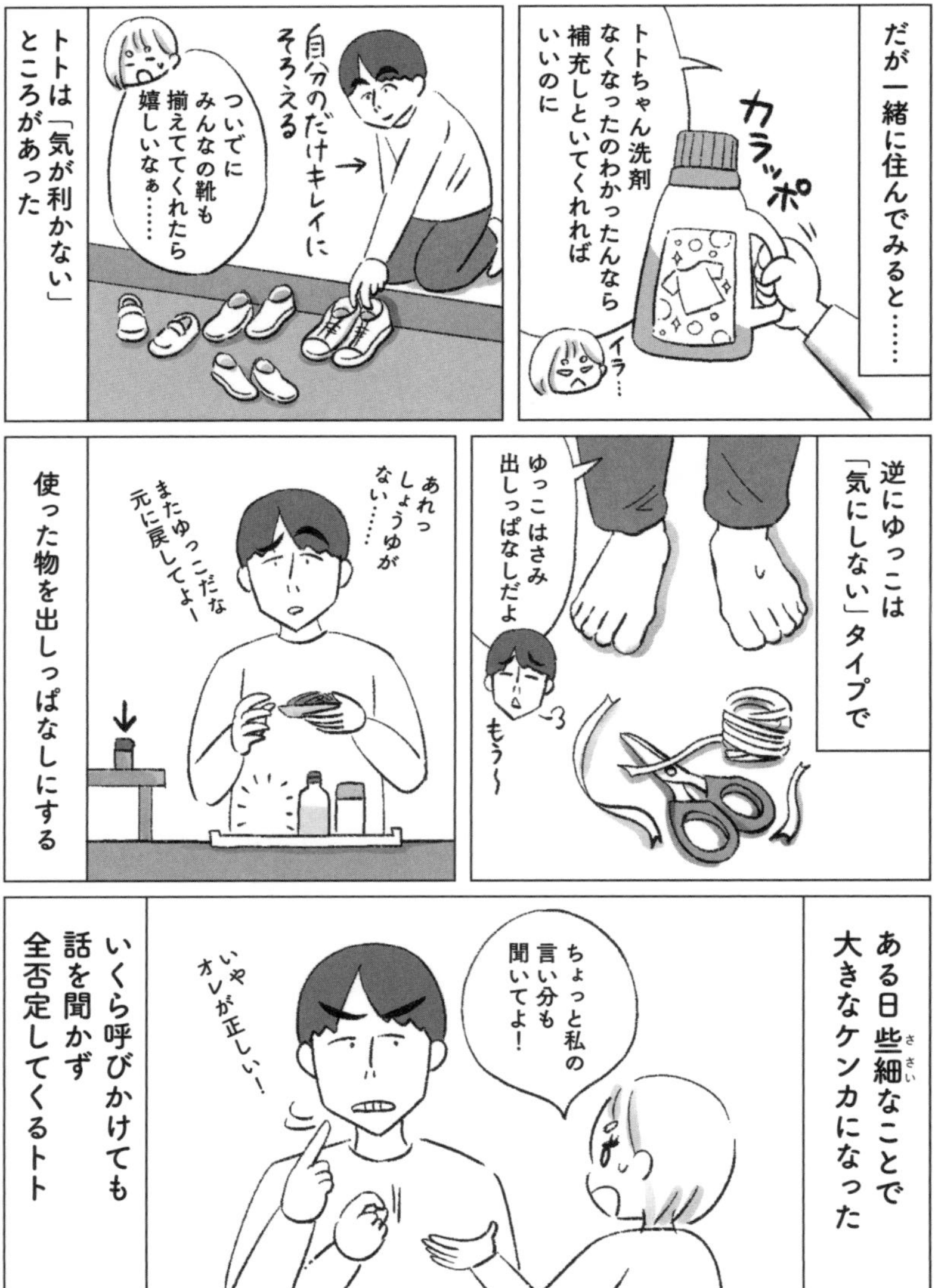
だが一緒に住んでみると……
カラッポ
トトちゃん洗剤
なくなったのわかったんなら
補充しといてくれれば
いいのに
イラ…
自分のだけキレイに
そろえる →
ついでに
みんなの靴も
揃えててくれたら
嬉しいなぁ……
トトは「気が利かない」
ところがあった
逆にゆっこは
「気にしない」タイプで
ゆっこはさみ
出しっぱなしだよ
もう〜
あれっ
しょうゆが
ない……
またゆっこだな
元に戻してよー
使った物を出しっぱなしにする
ある日些細《ささい》なことで
大きなケンカになった
ちょっと私の
言い分も
聞いてよ！
いや
オレが正しい！
いくら呼びかけても
話を聞かず
全否定してくるトト

どうして聞いてくれないの
プッツン…
怒りが混じると手話がスッと出てこない
もう限界よ!! このわからず屋!!
がしっ
このアイロン3千円だったなぁ
トトに当たらないよう投げた!
ぶんっ
ヒイッ
これはヤバイ!!
今思うとごめん…
昔はお互い頑固だったからね
さすさす
何度もぶつかって
向き合って
みんなの靴もそろえたよ
私も使ったもの元に戻してま〜す
お互いのことを知っていった

ろう者と聴者が共に生活をしているとこんなこともある
水道の蛇口をしめたつもりでも……
きちんとしまっていない
チョロチョロ
チョロチョロ…
ん?
キュッ
トトさん水出しっぱなしだったよ
ハーイ
気をつけてね
冷蔵庫も
ピーピー
扉が開いてたよ
ちゃんとしめてね
ハイ…

またやらかしちゃったな～
でもそれもぼくにとっては日常の一部
水道や冷蔵庫の音がうるさいと思うことはあるけど
トトさんが聞こえないことに関してだけはイライラしないって決めてるの
別のことにはめっちゃイラつくけどね！
……と言いつつ
一晩中水を出しっぱなしにされたときは水道代３千円分くらい食事をおごってもらった私です
さすがにね
それで済むなら安いもんです
ぼくたちはどこにでもいるごくごく普通の夫婦です

STORY 4 かいちゃん「トトちゃんと話したいだけなのに」

ぼくたちの娘
かいちゃん（8歳）
天真爛漫《てんしんらんまん》で
ゲームやアニメ
YouTubeが
大好きです
トトとは
手話や
指文字で
話し
アイス
あるよ
おやつ
たべたい
ゆっことは
音声日本語で
話します
ママ
アイス
たべていい？
いいよ！
3人で話すと
手話・指文字・
音声が
混じります
おいしい！
おいしいね
チヨコ

かいちゃんが小さい頃
お散歩行こうか
行く行く〜
3分後
だっこ〜
もう疲れたの？しょうがないなぁ
こうやってだっこして移動することが多かった

ねぇ
トトちゃん
声で呼んでも
気づいてくれないから
トトちゃんっ!!
ぐいん
こうやって
振り向かせる
そうすれば
トトちゃんはかいちゃんを
見てくれるので
いつでもお話ができた

そんなかいちゃんも
大きくなって
だっこを卒業し
手をつないで歩くようになった
ある日
３人でお出かけをしてたとき
ふとトトちゃんに
聞きたいことが
出てきた
かいちゃん

トトちゃんの手を
引っ張って
呼んだけれど
くい
くい
どうせ
ゲームかアニメの
話だろう
後でね
あとじゃなくて
いまがいいのー!!
ぺし
ぺし
ねーってばー!!
こっちみてよー
はい
はい
なで
なで
ぴょん
ぴょん
話したいことが
あるんだよ
かいちゃんは!!

一向に相手にしてもらえない
帰りはあのバスに乗ろうか
ママとはいつでもお話するのに
む〜〜…
どうしてかいちゃんとはお話してくれないの!!

ねーってば
はいはい
後で聞いてあげるからね
ニコ
ニコ
こんなに何度も呼んでるのに
トトちゃんはかいちゃんの気持ちなんにもわかってない!!
カッ
バシンッ
かいちゃん人を叩《たた》いちゃダメだよー

かいちゃんは
かいちゃんは

ただトトちゃんと
話したかっただけなのに
かいちゃん
ごめんね

呼ばれたら
きちんと
向き合わなくちゃね
うん
うん

第2章

『出会うまでの2人の人生がすごすぎた』

家族全員ろう者・デフファミリーの「あるある」

トト

「デフファミリー」という言葉を知っていますか？

家族全員が聴覚障がい者。親も、きょうだいも、全員耳が聞こえない家族のことをデフファミリーと言います。聴覚障がい者の両親から聴覚障がいの子どもが産まれる確率は、たった1割。統計的に考えれば、家族全員が聞こえないというシチュエーションは、結構レアなことなのかもしれません。

ぼくは、そんなデフファミリーの一員として産まれました。

父、母、ぼく、妹の４人家族。全員耳が聞こえません。それがいわゆる〝普通〟ではないことは物心ついた頃から理解していたし、大きな不満や疑問を抱くこともありませんでした。それには、両親がクリスチャンだったことが影響しているかもしれません。

「自分たちの耳が聞こえないのは、神様が決めたことなんだよ」

まだ幼かったぼくと妹は、両親にそんな風に言われて育ちました。そしてぼくも、

「そっか、神様が決めたことなんだ」

と、自然に受け入れていました。幼稚園から大学までろう学校に通い、聴覚障がい者に囲まれて育ったことも、自分の身体的特徴に大きな違和感を抱かずに過ごせた理由の１つでしょう。

とはいえ、聴者（耳の聞こえる人）の中には、「家族全員聞こえなくて、普通に暮らしていけるもの？」という疑問を抱く人も、少なからずいるのではないでしょうか。

もちろん、普通に暮らせます。

ただ、もしかしたら、聴者の家族とはちょっと違う習慣や、聞こえない環境ならではの日常風景もあるかもしれません。ここでは、そんな〝デフファミリーあるある〟をいくつかご紹介しましょう。

その1　誰かを呼ぶときは物を投げる

全員耳が聞こえないわけですから、当然、「ねえねえ」と呼びかけても、それに気づくことができません。誰かに話しかけたいときは、スリッパなどの軽い物を投げたり床をバンバン叩いたりして、視覚や触覚に訴える必要があります。

また、それに気づきやすいように、部屋のドアは常に開けっ放し。どの部屋にいても丸見え状態なので、思春期の頃はさすがにちょっとイヤでした。

その2　NHKが大好き

今は映像に字幕があるのが当たり前の時代ですが、ぼくが子どもの頃は、字幕が付いているチャンネルはNHKだけだったんです。ニュースはもちろん、家族のエンタメといえば、NHKの朝ドラや大河ドラマでした。同じ理由で、映画も、邦画ではなく、字幕の付いた洋画を観ていました。ぼくの家族は全員、ジャッキー・チェンの大ファンだったので、新作が出るたびにレンタルして観ていましたね。懐かしい！

その3　旅行先のホテルは現地で探す

これも今となっては昔の話になってしまいますが……。まだインターネットがなかった時代は、旅行の際、ホテルの予約は電話かファックスでするのが基本でした。家族全員がろう者だと電話で予約することができず、また家にファックスもなかったので、ホテルはいつも現地に行って、空き部屋が見つかるまで足で探す必要がありました。

ホテルに限らず、今は何でもオンラインで予約できるようになり、信じられないくらい便利な時代になったものだと思います。後で詳しくお話ししますが、インターネットの誕生は、ろう者の生活を大きく変えるものでした。

小学校3年生くらいのときの写真です。父は旅行が好きだったので、1年に1回家族旅行に出かけていました。（トト）

その4　目覚まし時計が3日間鳴り続ける

これは第1章のマンガでも紹介しましたが、〝あるある〟ではなく、一度だけ起こってしまった小さなトラブルです。その異音に、最初に気づいたのは妹でした。彼女は補聴器をつけていたので、音の存在を何となく感じることができたのです。

「何か、音がしない？」

妹に言われてみると確かに、何か鳴っている気がする。だけどそれが何の音なのか、どこから聞こえてくるのかは、両親もぼくも妹も、誰もわからない。モヤモヤした気持ちで数日過ごしていたところに、お隣さんがやってきて、

「あの～、目覚まし時計がずーっと鳴りっぱなしですよ」

と、教えてくれました。実に3日もの間、わが家で目覚まし時計が大音量で鳴り続けていたのです。

聴覚障がいといっても、その程度は人によって千差万別です。全く聞こえない無音状態の人、うっすら聞こえるけど、それが何の音か、どこで発生しているのかがわからない人、補聴器をつければ簡単な会話もできる人。

ぼくの家族は、音を認識できることもあるけれど、それが何の音かを判別するのが難しいレベルの聴覚障がいでした。どこか遠くで音がするな～と思っていたけれど、それがまさか、目

の前にある目覚まし時計のベル音だとは想像もしませんでした。

いかがですか？

デフファミリーならではの日常の特色といっても、あえて挙げるとすればこのくらいで、実際のところ、不便さを感じることはさほどありませんでした（旅行先でホテルを探すのは大変だったけど……）。朝起きて、ご飯を食べて、会社や学校に出かけ、帰ってくる。夕飯を食べて、お風呂に入って、ベッドに入る。たまに異音に気づかないなどのトラブルはあるけれど、日々の生活スタイルに、聴者との大きな違いはないと思っています。

それはまた、今の時代だから感じることなのかもしれません。ぼくの両親や祖父母の代の話を聞くと、ろう者であることで感じる日常生活の不便さ、あるいは世間的な立ち位置などは、今と昔で随分と違います。インターネットを筆頭にさまざまな分野の技術が進化し、多様性が叫ばれる現代においては、聴者とろう者のライフスタイルがどんどんシームレスになっていくのを感じています。

ろう者とは言わば
日本語と手話のバイリンガル

トト

基本的に、ろう者は、幼い頃から手話と日本語の両方を学ぶ必要があります。聴者が自然に言語を取得するように、ぼくたちろう者の多くは手話を自然と身につけていきますが、言語は学ばないと理解できません。とりわけ、ぼくの両親は、日本語を勉強せずに苦労した経験があったそうで、「日本語は覚えた方が楽だよ」と教えられて育ちました。

幼稚園、小学校とろう学校に通っていたので、学校でも言語を勉強する機会はありましたが、ぼくの学びの源は、もっぱら読書でした。

最初にハマったのは、家にあった聖書です。といっても、あの分厚い活字本ではなく、聖書のエピソードを子ども用にやさしくまとめた絵本。幼稚園の頃のぼくは、これに夢中でした。

キリスト教の家族だったので、キリスト教に限らず仏教関連やノストラダムスの予言など、家には宗教関係の本が豊富にありました。小学校に上がると、これらも軒並み読破。次いでミステリーに熱中し、シャーロック・ホームズものやアガサ・クリスティなど、学校の図書室にあるミステリー小説を読みあさりました。筒井康隆のＳＦ小説にハマったのもこの頃です。『キン肉マン』や『ドラゴンボール』（共に集英社）といったマンガも大好きで、『少年ジャンプ』や『コロコロコミック』の発売日を心待ちにしていました。こと本に関してだけは、両親はいつもぼくに好きなだけ買い与えてくれていた記憶があります。

こういう話をすると、「読書家だったんですね！」と驚かれることがあります。確かに、若い頃に相当数の本を読んだおかげで、語彙力は豊富な方かもしれません（ぼくの手話が拙いため、それを披露できないのが残念ですが……）。当時は娯楽が少なかったこともあり、読書はぼくにとって一番の楽しみであり、また日本語を学ぶための素晴らしい教材でした。

一方で、ろう者ならではの〝読書勘違いあるある〟もあります。

これは、ろう者で女優の忍足《おしだり》亜希子さんの著書（『我が家は今日もにぎやかです』三浦剛《つよし》氏との共著、アプリスタイル）にあるエピソードです。忍足さんもまた、マンガで言語を学んだそうですが、そこに思わぬ落とし穴が。静寂を表す「シーン」という擬態語を、実際に「シーン」という音が鳴っているのだと思っていたそうです。この話、ろう者にとっては、ものすごくわかりみが深いんですよね。

文字だけの世界で学ぶと、実際に聞こえる音とのギャップがどうしても発生してしまいます。忍足さんのように、擬態語をリアルな音として認識していたり、漢字の読み方を間違えて覚えたり。ぼくもつい最近まで、「水餃子」を「みずぎょうざ」、「大御所」を「だいごしょ」と読んでいました。

日本語を学ぶのは、やっぱり難しいものですね。聴者にすら「国語」という教科が用意されているくらいですから、ろう者にとってはなおさらです。

誰が母で誰が父？
破天荒すぎる家庭で育つ

ゆっこ

デフファミリーで育ったトトちゃんの人生は〝普通〟とは少し違うものですが、実は、妻で聴者である私の人生も、負けず劣らず破天荒だったりします。ここでは、そんな私の生い立ちについて、少しお話ししたいと思います。

私が自分の家族のことをきちんと理解したのは、中学2年生のときでした。「きちんと理解した」というのはつまり、父が誰で、母が誰であるかということです。中学2年生までの私の世界は、「お母さんと、その他大勢の大人たち」で構成されていました。

物心ついた頃から、私は、たくさんの大人たちに囲まれて育ちました。母が日本舞踊の師範だったので、稽古場も兼ねていた実家には、朝から晩まで大勢の人たちが出入りしていたのです。そうした環境の中で、1人っ子だった私の唯一の絶対的な存在が「お母さん」でした。お父さん、つまり母の夫にあたる男性もいましたが、あまり構ってもらえなかったこともあり、私の中では「お父さん」という認識が持てなかったのだと思います。

また、家には、母方の親戚で、ろう者のおじさんがいました。「親戚」といっても、どういう血のつながりなのかは明確にわからず、「たまに家にいる、親戚の耳の聞こえないおじちゃん」くらいの認識だったと思います。

このおじさんが、かなり破天荒な男性で。18歳のときに、海外でヒッチハイクで1人旅をしたというツワモノなんです。

「海外へ行ってみたい！」

その一心で、家族からもらった10万円を握りしめて、18歳の彼はヨーロッパに飛び立ちました。メールはもちろん、当時はスマホもインターネットもありません。そんな状況でろう者を1人で海外へ送り出した家族も大したものですが、聞こえないことに臆しないおじさんの勇気にも脱帽です。

日本を発《た》ってから半年、おじさんからの連絡は途絶えたままでした。このとき、家族の誰もが「あいつは死んだ」と思ったそうです。ところが、ちょうどその頃、ヨーロッパの全く知らない人たちから、「もう日本に帰ったか？」「元気でやっているか？」という内容の絵葉書が届き始めました。「どこかで生きているらしい」というあやふやな期待と不安を抱える家族のもとに、日本を発ってから1年以上が過ぎた頃、飄々《ひょうひょう》とした様子でフラッと帰ってきたのだそうです。

道中で何があったかを尋ねると、さらに驚くべき事実が。なんとおじさん、日本を発って、パリに到着したその日に、全財産の10万円をすべてすられてしまったのだとか。途方に暮れていたところを、気の優しいレストランの店主に皿洗いとして雇ってもらい、そのツテを頼りながらアフリカまで旅を続けたそうです。

この生命力、ちょっとすごすぎませんか？

おじさんは手話が得意ではなかったので、現地でのコミュニケーション手段は、すべてジェスチャーです。「海外へ行ってしまえば、どのみち言葉は通じない」という彼の理論はさておき、その桁外れの度胸はいったいどこからやってくるんでしょう。対人関係において、耳が聞こえる・聞こえないというハードルは、彼の中では一切問題にならないということなんですよね。

そこからおじさんは旅にハマり、しょっちゅう国内外に旅行に出かけていました。なので、たまに家で見かけると、「あ、おじさん帰ってきてるんだ」と思う程度で、ちょっとしたレアポケモンを見つけたときの気持ちでした。

運命のときは、私が中学2年生のときに訪れました。

高校の推薦入学のために書類を揃えなければならず、役所から戸籍謄本を取り寄せたんです。私自身は自分の戸籍など全く興味がなく、大して目も通していなかったのですが、母に「あんた、戸籍謄本見たの?」と聞かれたので、「うん、見たよ」と何の気なしに答えました。

そして、母の口から衝撃的な事実が語られたのです。

「あんたが知ってしまったからきちんと説明するよ。本当のお母さんがいなくなったのは、まだあんたが1歳の頃で……」

「え、待って待って。は? 本当のお母さん?」

「戸籍謄本見たんでしょ?」

「いや、詳しく見てはないよ。本当のお母さんって何?」

そんな調子で、予想外のリアクションにお互いが戸惑いながらも、私の家族に関する真実が明らかになりました。

まず、私がそれまで母だと思っていた女性は、私の父のお母さん、つまり、私にとってはお祖母ちゃんだったこと。

そして私の本当の父は、破天荒なレアポケモンこと、耳の聞こえない親戚のおじさんだったのです。

このときの気持ちは、今でも言葉に上手く表すことができません。怒り、ショック、言いようのない孤独感。中学2年生が受け止める事実としては重すぎて、涙が止まりませんでした。

一方で、少しだけホッとした部分もあって。というのも、同級生のお母さんに比べて、私の母親はかなり歳を取っていたので、「お前の母ちゃん、ババアだなぁ」と、友達にからかわれることがあったんです（実際、祖母だったわけで……）。「よかった、本当のお母さんは、もっと若いんだ」と、何だかそんな些細なことで安心した記憶があります。妙な話かもしれません

中央が私、右が祖母（母だと思い込んでいた）、左は祖母の姉。小さい子は従弟です。家族構成に疑問を抱きつつも、まぁいいかと思わせるような賑《にぎ》やかさでした。（ゆっこ）

が、とにかく、いろんな感情が入り混じっていたんでしょうね。
私の本当の母親は、私が2歳のときに離れ離れになったことを、このとき初めて知りました。なぜ、姿を消したのか。彼女は今どこにいるのか？　これについては、本書の本筋からは逸《そ》れるので、ここでは割愛します。YouTubeに詳細をアップしているので、興味がある方は、ぜひご覧ください。

とりわけ衝撃だったのは、あのぶっ飛んだろう者のおじさんが、私の本当のお父さんだったという事実です。父親らしいことをしてもらった記憶もなく、今も彼に対しては複雑な思いがありますが、悔しいけれど、尊敬している部分はあって。やっぱり、耳が聞こえないのに、海外へ1人でポンッと行ってしまう固定観念のなさは、すごいと思うんです。

そういう意味では、私の中で、父は「ろう者」とは微妙に違うカテゴリにいる人間でした。トトちゃんと付き合ったことで、「耳が聞こえないことに抵抗がなかったのは、父親がろう者だったから？」と聞かれることがありますが、そこは全くリンクしていません。父親のことを、聞こえる・聞こえないを超越した、もっと別のジャンルの生き物だと思っているからです。

　実際、父自身も、自分を「ろう者」にカテゴライズされることに違和感があったようでした。なぜなら、当時、父は、他のろう者との交流を拒んでいたから。私が家にいるとき、ろう者の友人が父を訪ねてくると、「いないと言って」と居留守を使うことがありました。「聞こえない」というコミュニティに属することに、ある種の抵抗を感じていたのかもしれません。

　もっとも、今は父の考え方も大分変わったようで、暇を見つけては、ろう者の友達とスキーや釣りに出かけています。昔は苦手だった手話も随分上達して、また新しい世界が見えているのではないでしょうか。

　何だか、私の父の話だけで1冊書けそうな人生の濃さですね。

海外での父の写真ですが、現地人がどちらかわからないほどの振る舞い。誰とでも近い距離感で接する父。ハンカチに「I am Japanese」と書いて話しかけていたそうです。（ゆっこ）

悪人の叔父によって鍛えられたメンタル

ゆっこ

私の生い立ちを語るにおいて、もう1人、欠かせない人物がいます。それは、父の弟である叔父の存在です。

ひと言で言うなら、叔父は典型的な悪人です。覚せい剤で家と刑務所の往復を繰り返していましたし、決定的なところでは、小指がありませんでした（汗）。どういう経緯でそういう人生を歩んだのかは知りませんが、完全に〝あっち側〟の人だったと記憶しています。

家族にそういう人がいて、同じ空間で生活を共にするということは、幼い子どもにとっては極めて大きな恐怖でした。

例えば、夜中にガラスを叩き割って家に押し入り、母親にお金をせびることはしょっちゅうです。家の周りにガソリンを撒《ま》かれたこともありました。私が大切にしていたぬいぐるみの中に覚せい剤を隠し入れて、「誰にも言うなよ」と脅されたこともありました。

忘れられないエピソードがあります。

私が小学生の頃の話です。

一度だけ、叔父と2人でドライブに出かけたことがありました。叔父に隣町まで届け物をする用事があり、なぜか私が同行するよう、祖母に言いつけられたのです。

道中は、それはそれは恐ろしいものでした。極度の睡眠不足だったらしく、叔父が居眠り運転をするのです。頼むからどこかで休んでくれと懇願した結果、サービスエリアで仮眠をとることになりました。

ところが、困ったことに、日が暮れても叔父は目を覚ます気配がありません。1人サービスエリアをとぼとぼと歩きながら、このまま叔父さんが起きなかったらどうしよう、と不安で仕方ありませんでした。

ふと気づくと、ポケットに100円玉が。思い立って、私は、叔父の上司であるヤクザの親分に公衆電話から電話をかけました。今考えると不思議なことですが、どういう経緯か、親分の電話番号を暗記していたんですね。

状況を説明すると、親分はすぐに飛んできてくれ、叔父のことをボコボコに殴りました。それでようやく起きて、無事に隣町まで向かうことができた、というなんとも変なエピソードですが忘れられない思い出です。

1人寂しく歩いたサービスエリアの光景や、親分に殴られる叔父の姿も鮮明に脳裏に焼き付いていますが、何よりガマンならなかったのが、祖母の態度でした。そもそも私は、叔父と2人きりでドライブに行くことがイヤでたまらなかった。それを祖母も知っているはずなのに、なぜ無理やり同行させるのだろうと納得がいきません。

これは小学5年生くらいの頃でしょうか。思い立って、家のキッチンの戸棚の扉をガムテープで塞いだことがあります。家のガラスを叩き割り、ガソリンを撒くような叔父だったので、いつか包丁を振り回すんじゃないかという恐怖心からの行動でした。祖母はこれを見つけるやいなや、私を叱りつけ、すぐにガムテープを剥がさせました。

こういう祖母の態度には、自分の息子である叔父をかばい、私と仲良くしてほしいという願望が込められていたのだと思います。それは同時に、私の中の孤独感を深めるものでもありました。

「結局、私は一番じゃないんだ」

そんな寂しさは、成人して家を出るまで消えることはありませんでした。叔父との記憶や、当時自分が抱いていた感情は、30歳になるまでずっと夢にも出てきていたので、トラウマといっても大げさな物言いではないと思います。

一方で、そういう経験をしてきたからこそ、良く言えば強いメンタルを、悪く言えば鈍感な心を手に入れることができたとも言えます。

視聴者さんからよく「器が大きい」と言われることがありますが、滅多なことではへこたれないし、どんなことが起きても動じない自信があります。動画に否定的なコメントがついても、自分たちにアンチが湧いても、強い気持ちで向き合うことができるのは、叔父のおかげかもしれません。

反抗期だった日々。ろう者だってパチンコを打つ

トト

基本的に、子どもの頃から両親と仲は良かったのですが、親を傷つけてしまったなぁと反省したことが三度あります。若気の至り、というやつです。

1つ目は、中学生のとき。ぼくは卓球部に入っていて、部活にかなり力を入れていました。週末も練習や試合が入ることが増えてきて、それまで通っていた教会（日曜礼拝）に行かなくなってしまった。信仰よりも部活を優先させたことで、親を少し悲しませてしまったような気がして、ちょっとだけ反省しました。

2つ目は、高校生のとき。高校から全寮制になり、親元を離れて生活していました。実家から離れた解放感で、これでもかというくらい友達と遊び呆《ほう》け、その延長線でタバコを吸ってしまったんです。それが学校にバレて、両親が呼び出されてこっぴどく叱られて。このときは、

かなり反省しました。

3つ目は、大学生のとき。大学も全寮制だったのですが、麻雀とパチンコ、そしてお酒にハマり、3年留年してしまいました。このときばかりは、めちゃくちゃ反省しました。

大学までずっとろう学校に通っていたので、クラスメイトも先輩も後輩も、全員が聴覚障がい者でした。とはいえ、学校生活や友達とのやりとり、興味があることなどは、聴者のそれと大きな違いはありません。不良に憧れてタバコに手を出した10代、大学に入ると先輩に無理やり飲まされる機会が増え、お酒はそこで鍛えられました。ちなみに、聴者は、酔っ払うとろれつが回らなくなったりしますよね。ろう者もやはり、手話が何となくだらしなくなってきます。

麻雀を打つようになったきっかけは、寮の5人部屋ユニットに雀卓があったこと（なぜ!?）。入寮した初日

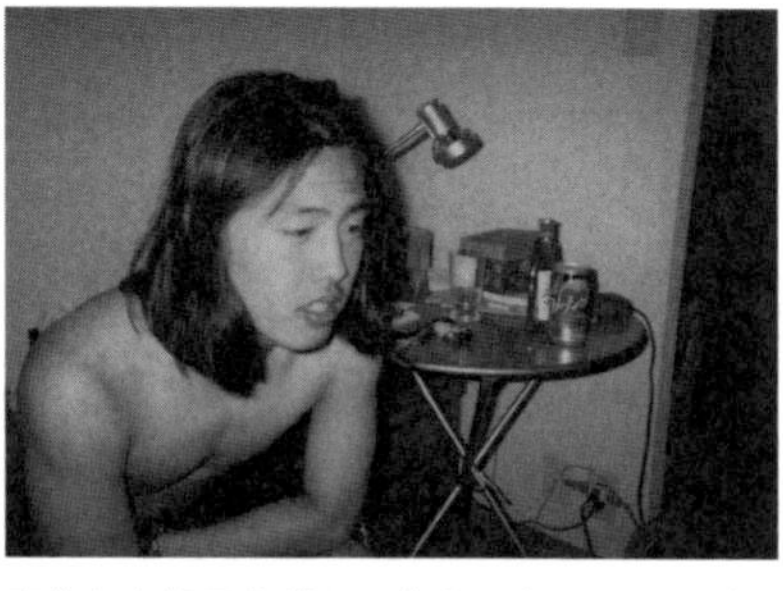

高校から親元を離れ、今まで良い子で過ごしていた自分ですが、好奇心からタバコを手にし、学校から親が呼び出されました。母親を泣かせてしまいました。（トト）

に先輩に麻雀に誘われ、大負けしたのが悔しくて、入門本を買いあさって死ぬほど勉強しました。

パチンコにハマったきっかけは忘れてしまいましたが、確か当時は、パチンコやスロットでかなりの大金が稼げる時代で、ぼくのような大学生をはじめ、今よりももっと多くの人がパチスロで遊んでいた記憶があります。

パチンコも麻雀も、耳が聞こえなくて不便なことはさほどありません。むしろパチンコなどは、大音量の機械音とは無縁なので、聴者よりも快適に打てるのではないでしょうか。

あ、今思い出した。パチンコで唯一、耳が聞こえなくて困ったことといえば、抽選場所の変更が起きたときについていけないことです。

かなりコアにパチンコを打つ人は、良い台を取るために、開店前から朝一でお店の前に並ん

大学入学式。先輩にパチンコや麻雀を教えてもらいました。羽目を外していたわりに、女性にはずっと奥手でした。(トト)

だりします。そこで配られる整理券をゲットして、なるべく早くお店に入って台を選ぶ権利を得るのです。

お店に並んでいると、ごく稀に、急遽《きゅうきょ》抽選場所が変更になることがあります。店員さんのアナウンスでお客さんがぞろぞろと移動するのですが、ぼくや友人は何が起きたのかわからず、戸惑うことがありました。ただ、気づいた頃にはお店の常連になっていて、顔見知りの聴者の人が教えてくれるようになりましたけどね。

懐かしいなぁ。こんな話、初めてしたかもしれません。

今ではタバコもパチンコも麻雀もやらないけれど、たまにあの時代が恋しくなります。

「手話ってかっこいい」と思ったことがきっかけ

ゆっこ

高校を卒業した後、2年のフリーター期間を経て、20歳で最初の夫と結婚しました。その後、21歳で長女を出産し、25歳で次女を出産。間もなく離婚し、28歳のときにトトちゃんと出会いました。

……急に描写が雑になってすみません。

ただそのくらい、私にとっては怒濤《どとう》の時代で、駆け抜けるように過ぎていった感覚だったんです。

正直なところ、20歳で結婚した理由の１つに、とにかく早く実家を出たいという思いがありました。すでにお話しした通り、かなりファンキーな家庭環境に身を置いていたので、自立したくて仕方なかった。結婚を急いだのも、苗字を変えて家族と距離を置きたい気持ちが、少なからずありました。

いろいろなことがあって、離婚という道を歩みましたが、２人の娘とは今も仲良しです。現在、長女のみゆかは結婚して家を出ており、半年ほど前にめでたく出産しました。そう、何を隠そう、私はすでにおばあちゃんなのです。

18歳になる次女のねねは、先日、大学に入学しました。今は次女と私、トトちゃん、そして娘のかいちゃんの４人で暮らしています。サザエさん並みに複雑な家族構成でごめんなさい。YouTubeでも詳しく解説していますが、ここに、簡単な相関図を載せておきますね。

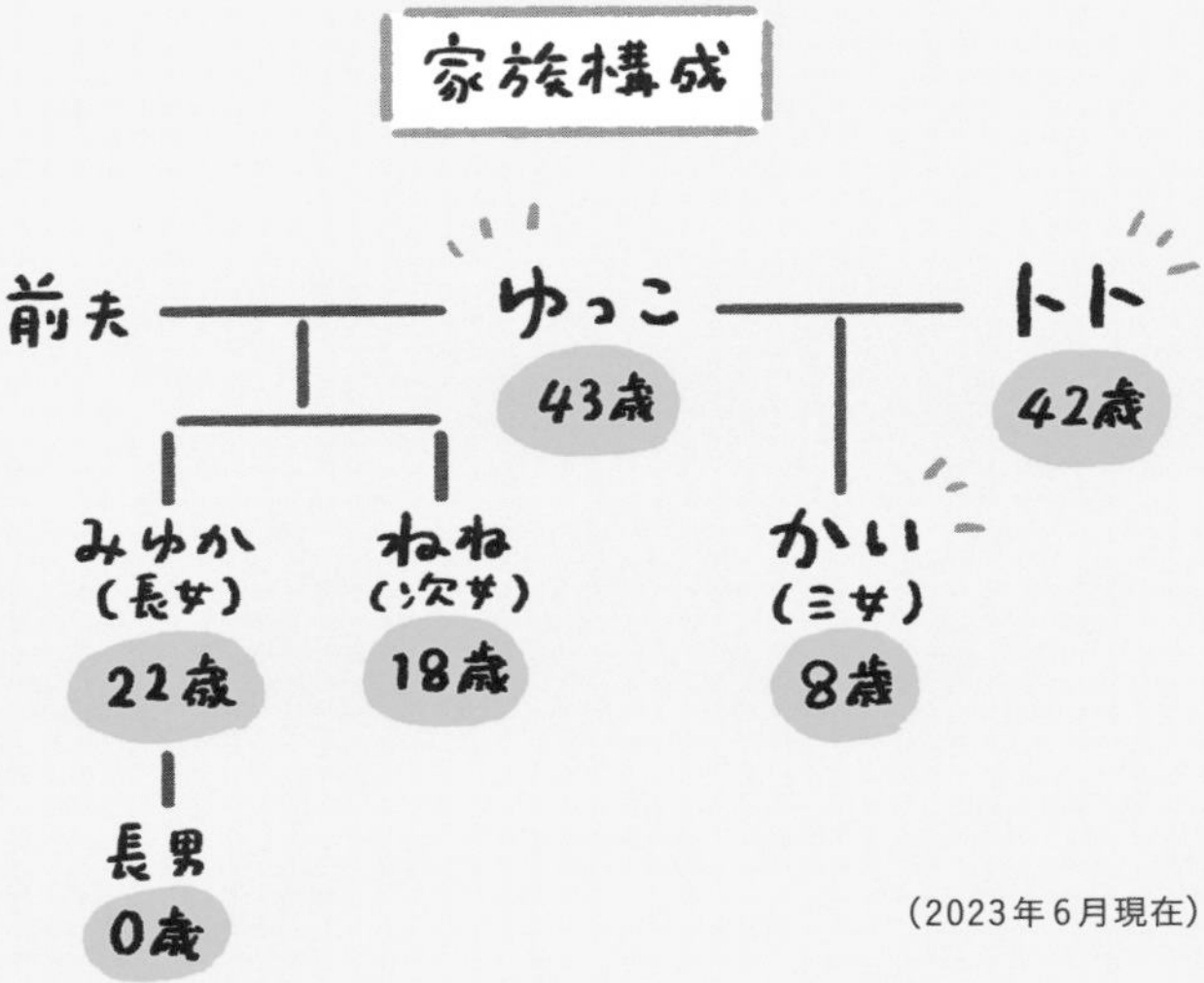

（2023年6月現在）

次女を出産して間もなくの頃です。思い立って、手話の専門学校に通い始めました。はっきり言って、手話である必要はなかったんです。何でもいいから、とにかく勉強がしたかった。中高とろくに勉強をせず、大学にも行かなかった反動なのか、20代の後半に差しかかった頃、急激に〝学び欲〟が芽生えたんですよね。

で、「何を学ぼう」と思ったときに、ふと、昔出会った手話ができるお姉さんのことを思い出しました。

　小学校6年生のときでした。父（当時は親戚のおじさんだと思っていた……）が旅行のために飛行機のチケットを取りに行くと言うので、なぜか私もついていくことに。そこで出会った旅行代理店のお姉さんが、ものすごくキレイな手話をする人だったんです。

「どこに行きたい？」「人数は？」「何時が希望？」。おそらくそんな内容の言葉を手話でスラスラと表現するお姉さんを見て、「かっこいい！」と心酔してしまいました。２人のやりとりを見ながら、「飛行機」って手話でこういう風にやるんだと、子どもながらに感心したことも覚えています。もっとも、父の方は手話が苦手だったので、会話がギリギリ成立している感じでしたが……。

手話ができるって、かっこいいじゃん！　勉強してみよう。

そんな経緯で、私は手話の専門学校に入学しました。26歳の頃です。あのお姉さんとの出会いがなかったら、手話を勉強しようなんて思わなかったかもしれません。

厳密に言うと、私が通った学校は、手話通訳者の育成所でした。手話通訳者とは、その名の通り、手話を使い、聴者とろう者の通訳をする人のこと。そのため、基本的な手話を学んだ後も、身につけなければならない特殊なスキルがいくつかありました。

例えば、耳にした言葉を頭に溜《た》めておくスキル。「今日の東京の天気は曇り後晴れ。洗濯物は、午後には乾くでしょう」というニュースを一度頭に溜めて、それを手話に変換する。学校では、こうした「溜める」訓練をかなりこなしました。

また、公的な場で通訳する機会も多いので、フォーマルな手話も身につけなければいけません。言語と同じように、手話にもまた、カチッとしたビジネス用語とくだけたスラングが存在します。例えば、「ヤバい」という手話は、公的な場所ではNG。YouTubeの私からは想像もつかないかもしれませんが、これでも一応、模範的な手話を練習してきたんです。

学校ではまた、手話の歴史や法律のこと、ろう者に対するマナーなども学びました。とりわけ役に立ったのは、マナーを含めたろう者との向き合い方です。

例えば、ろう者と聴者、そして手話通訳者という3人がいる場合、聴者はどうしても、会話をしているろう者ではなく、通訳者の方を向いて喋《しゃべ》りがちです。そうではなくて、自分の声が届いていなくても、ろう者の方を見て話すのがマナーなんですね。

また、何においても「助けよう」とすぐ前に出るのではなく、ろう者が困っていると感じたときだけ声をかけること。これって、実際には結構難易度が高いことだと思っています。シチュエーションもさまざまで、どう感じるかはろう者によっても違いますし、私はどちらかというと、「とりあえずコミュニケーションをとってみればいいじゃん！」と思うタイプなので……。

いずれにせよ、手話を学んだことは、私のその後の人生を大きく変える経験でした。手話を通して多くの人と出会い、今の私があると思うと、あのとき、手話を学ぶ選択をして本当によかったと思っています。

ろう者、ヤクザに胸ぐらを摑まれる

トト

大学を卒業してから、初の１人暮らしを始めました。

ここでもやはり、「耳が聞こえなくて１人暮らしできるの？」と疑問に思う聴者の人がいるかもしれませんので、あらためてお伝えしておきます。１人暮らし、余裕でできます。生活スタイルに関していえば、家族と住もうが１人暮らしであろうが、聴者とさほど変わらないと思います。

ただし、細々とした問題は発生します。ぼくに限らず、聴覚障がい者が１人暮らしをする際に起こりうる問題点について考えてみましょう。

まず、インターフォンに気づけないため、宅配便を対面で受け取ることがほぼできません。ただし、来客があるとフラッシュライトで教えてくれる聴覚障がい者用のアイテムがあるので、これを使えば解決できます。

それと、人によっては、朝起きられないという問題も。これも、強力なバイブレーターで時間をお知らせしてくれるアラーム時計を使えば問題ありません（第1章でもいくつか目覚まし用のアイテムを紹介しました）。

次に、自分が出している騒音に気づかないこと。自分の足音や自然に発生する生活音の大きさを認識できないため、壁の薄いアパートに住むと、ご近所さんに迷惑をかけてしまうかもしれません。

あとは、冷蔵庫を開けっぱなし、水を出しっぱなしにしていても気づけないことなどでしょうか。

こうした問題は、フラッシュライトを取り付けるなどの工夫をしたり、こまめに水道を確認するなどの習慣をつけることで、大体すべて解決します。そんなわけで、繰り返しになりますが、ろう者が1人暮らしをするといっても、ごくごく普通な日常の繰り返しです。「こんなことがあって大変だった！」というエピソードがあまりないので、逆にがっかりさせてしまったらすみません。

ちなみに、ぼくが1人暮らしをしていたときは、フラッシュライトを取り付けていませんでした。なので、来客があってもほぼ気づかず、宅配便は毎回、宅配業者の営業所まで取りに行っていました。

また、冷蔵庫の開けっ放し、水の出しっぱなしもたびたびありました。自分が出している騒音については、全く意識せず……。これに関しては、ゆっこと暮らし始めて、「足音がドタドタうるさい」と指摘を受けて初めて「あ、自分の足音ってうるさかったんだ」と認識したので、もしかしたら当時のご近所さんには迷惑をかけていたかもしれません。ごめんなさい！

こう考えると、ぼくはトラブルなく1人暮らしをしていたのではなくて、そもそもトラブルに気づかなかった、というのが正解かもしれませんね。

大学を卒業した後の大きな変化といえば、生活圏が、聴者と同じコミュニティになったことです。

幼稚園から大学まで聴覚障がい者に囲まれて育ったぼくにとって、聴者のコミュニティは未知の世界でした。それまでのぼくの人生を第1部とすれば、第2部は間違いなく、「聴者との暮らし」ということになるでしょう。


ちなみに……。

大学を卒業するまで、聴者との関わりはほとんどなかったとお伝えしましたが、忘れられない聴者とのエピソードがあります。

ぼくが高校生の頃です。

道を歩いていると､何やら周囲の人からの視線を感じるんです。「何だろう?」と不審に思っていると、しばらくして、後ろを走っている車がクラクションを鳴らしていることに気づきました。

慌てて車をよけると、その車がぼくのところに止まって、運転していた人が降りてきました。その人が、もう、見るからに怖いお兄さん。ガタイが良くて、柄物の派手なシャツを着ていて、車もすごい高級車なんです。で、理由はわからないけど、ぼくにめちゃくちゃ怒ってて、グワッと胸ぐらを摑《つか》まれました。多分、クラクションを無視され続けたから、なめられていると思ったんでしょうね。

ぼくは顔面蒼白になりながら、必死で「聞こえない」ということを手話で伝えました。すると、お兄さんはすぐに手を放して、何かをぼくに言って、車に戻っていきました。ぼくはとにかくビビッていたので、彼が何と言ったのかを確認する余裕もなかったけど、あれは忘れられない恐怖の出来事でしたね。


似たような話は、最近もありました。

電車に乗っていたら、隣に立っていた人が、急にぼくに怒り出したんです。でも、ぼくは、何に怒っているかが全くわからない。そのときも、手話で聞こえないことを伝えたら、「そうか」みたいな感じで終わりました。そのときは気づきませんでしたが、ぼくのカバンか何かがその人に当たっていたのかもしれません。


こういうときに、ろう者のぼくとしては、少しもどかしい気持ちになります。

非がこちらにあるのならきちんと謝りたいけど、何に対して怒っているのかわからないのがもどかしい。相手からすると、「無視されている」という思いがあって、余計に腹立たしいのでしょう。

これはまた、聴覚障がい者が、まだまだ世の中に認知されていないことの表れなのかもしれません。自分が何かを訴えても相手のリアクションがない場合は、無視しているのではなく、耳が聞こえないという可能性がある、ということを知ってほしい。当たり前のことですが、健常者と同様、たくさんの障がい者が同じ社会で暮らしているという意識があれば、お互いがもっとスムーズにコミュニケーションできるかもしれませんね。

……そんなエラそうなことを言ってみたものの、ぼくは再三、ゆっこに「注意力が散漫だ」と怒られているので、反省すべき点もたくさんあります。聞こえないからこそ注意深くあれ、を、日々モットーに努力している……つもりです（汗）。

第3章

「聞こえない彼と聞こえる彼女、同棲を始める」

聴者は「宇宙人」。うまく馴染めずうつ病になる

トト

特例子会社というものをご存じですか?

障がい者雇用の促進を目的として設立される会社のことで、それぞれの障がいの特性に対するサポートが整っていることが特徴です。「全従業員に対して障がい者が占める割合が20%以上である」などのさまざまな条件を満たした上で、厚生労働省の認可を受け、親会社の一事業所と見なされる子会社として機能しています。

幼稚園から大学まで聴覚障がい者に囲まれて育ったぼくが、初めて聴者ときちんと接したのは、就職先の特例子会社でした。そして、そこで上手く馴染むことができず、うつ病になってしまったのです。

もともとぼくの中では、聴者は宇宙人のような存在でした。デフファミリーに生まれ、ろう者同士のコミュニティで育ったので、聴者とはあまり接する機会がなかったんです。たまに教会などで一緒になると、何を話しているかわからなくて、全く別の民族のような、ちょっと不気味な存在。反発心のようなものは全くなかったけど、「無理に関わる必要はないのかな」と、積極的にコミュニケーションを図ることはありませんでした。

違和感を覚え始めたのは、まだ大学在学中、就職活動を始めた頃です。

例えば、一般的な事務職などで、募集要項に特に記載がなくても、いざ面接に行って耳が聞こえないことがわかると、話す前から「帰っていいよ」と帰されることが大半でした。同じように、アルバイトの面接も、ろう者だとなかなか受かりません。唯一受かったのが、運送会社で物を運ぶアルバイトでした。

ぼくとしては、ろう者が働けないのであれば、なぜ募集要項に「聴者のみ」と記載しないのだろうと不思議でなりませんでした。そしてこの頃から、「聞こえない」って、想像以上に大変なことなのかもしれないなという自覚がようやく芽生えてきたのです。

大学を卒業して勤め始めた特例子会社は、まだ立ち上げたばかりの新しい会社でした。そのせいもあって、障がいに配慮した働き方をマニュアルで掲げてはいたものの、それがあまり上手く機能していなかった。現場では、そんなに単純なことではなかったんですよね。

ぼくがそのとき感じた、聴者と一緒に働くことのハードルの高さ。これを具体的に説明するのはなかなか難しいのですが、今思えば、小さなことの積み重ねだったと思います。

例えば、何か連絡事項があっても、ろう者は後回しにされがちでした。何があったのか訊《たず》ねても、「くだらない内容だから大丈夫」「時間がないから後で」という理由でスルーされることも多く、業務にどこまで介入すべきかがあやふやになってきます。何かを伝えようとすると怒る人もいて、なぜ怒るのかの理由も教えてくれない。そのうち、聴者同士で会話しているのを見ると、「自分のことを話しているのではないか」と考えすぎてしまうようになり、初めて「聞こえない」ことに恐怖を覚えました。

この頃から、あまり寝つけなくなり、薬を処方されるようになりました。そしてうつ病と診断され、3カ月の間、休職することになったのです。

今だから思えることですが、きっと、誰も悪気はなかったんだろうと。

「くだらない内容だから大丈夫」というのは、向こうなりの気遣いだったんだろうと思います。ただ一方で、その気遣いが、ある種の負担になることも事実でした。悪意がないゆえに生じるすれ違いは、ときに、あからさまな差別よりも苦痛を伴う場合もあるのです。

今、多くの聴者に囲まれて生活していく中で、当たり前だけど、彼らは宇宙人ではないことをようやく実感できています。当時は辛い思いをしたけれど、「悪気はないから、仕方なかった」と考えられるようになったのは、聴者の気持ちを、自分なりに想像できるようになったからでしょう。

そのきっかけを作ってくれたのは、やはりゆっこ、その人でした。

一緒にいて思った「トトちゃんは私といれば大丈夫」

ゆっこ

トトちゃんと初めて会ったのは、28歳のとき。同じ特例子会社で知り合いました。手話の専門学校で出会った先生に、身につけたスキルを活かせる就職先として、彼が勤めていた特例子会社を紹介してもらったのです。

トトちゃんの第一印象は……。なんか、暗い人。

それまでにも、学校でろう者と接する機会はたくさんあって、基本的に、彼らは表情豊かな人が多い印象でした。それは、手話以外に、表情でもコミュニケーションを図るから。必然的に、ろう者は自分の考えや感情をストレートに表現する傾向にあるんですが、トトちゃんは、完全に真逆の人でした。

基本的に無表情で、何を考えているかわからない。そして、暗い！

私が持っていたろう者のイメージと全く違うタイプの人だったので、「こういう人もいるんだなぁ」と、少し驚いた記憶があります。

ただ、出会った当初は、私も日々の業務に追われていたので、あまりトトちゃんのことを意識することはなかったかな。専門学校で２年間、手話の勉強をみっちりしたものの、まだまだ手話通訳者としては未熟な状態で。大人数の会議に通訳者としていきなりぶち込まれて、高速の会話を手話に変換する。頭がパンクしそうになりながらも、〝実践あるのみ〟精神で、現場についていくのに必死な毎日でした。

入社して少し時間が経った頃、トトちゃんが休職しました。

そのときに初めて、「あ、なんか寂しいかも」と感じ、彼のことを意識するようになりました。

今でも覚えているんですが、個人的に、トトちゃんにときめいたタイミングが２回あります。

1回目は、私の拙い手話を、全部理解してくれたとき。

手話で会議の内容を通訳する際には、聞き慣れないビジネス用語がたくさん出てきました。「コンセンサス」とか「アウトソーシング」とか、「イニシアティブ」とか。本来であれば、その意味を汲《く》み取って手話に変換するのですが、肝心な言葉の意味が、全くわからなかったんですよね。

仕方ないので、「コ」「ン」「セ」「ン」「サ」「ス」と、1文字ずつ指文字（日本語の50音を指で表したもの）で表現していたのですが、トトちゃんは、それもすべて理解してくれていました。「私が言ってること、わかる?」と何回聞いても、「わかる」と言ってくれて、本当に全部理解してくれている。「この人、すごいなぁ」と思ったことが、ときめきポイントその1です。

2回目は、さりげなく私の領域に入ってきたとき。

入社して間もない頃は、とにかく覚えることが多かったので、私は、自分の業務内容を細かく付箋《ふせん》にメモして、それをデスクに貼り付けていました。書類の書き方、議事録のまとめ方、郵便物の送り方などです。ある日、トトちゃんに書類作成を頼まれて、「この書類の書き方をまとめた付箋、どこに貼ったっけ……」と探していると、「これだよ」と、膨大に貼られた付箋の中から、該当する付箋を彼がスッと手渡してくれたのです。

上手く表現できないのですが、そのとき、トトちゃんが私の領域に入ってきたのを感じたんですよね。私が用意した付箋の城の中にいとも簡単に入ってきて、しかも何もかもを把握している感じ。そして、無表情。何だか妙に、ときめいちゃったんです。

後に、トトちゃんが休職した理由がうつ病であることをどこかから耳にして、無表情で暗かったことに合点がいきました。そのときにまず思ったのが、

「ろう者もうつ病になるんだ！」

ということ。さらに、

「私といれば、大丈夫だろう」

とも思いました。

うつ病が大変な病であることは理解しているつもりですが、私の性格上、良くも悪くも「何とかなるだろう」と思ってしまうんです。トトちゃんはいつも無表情だったけど、たまに手話

で話していると、笑ってくれることがありました。でも、会話が終わると、すぐにまた無表情に戻ってしまう。

「私と一緒にいれば、この人はきっと幸せになれる」

トトちゃんを好きだと認識してからは、そんな確信がありました。今考えれば、ポジティブマインドにもほどがあると思いますが……。何でも都合よく考えるのも、私の性格なんです。

3カ月が経ち、トトちゃんが休職から戻ってくるやいなや、私はひたすらプッシュしました。といっても、私には子どももいたので、デートなどはせず、たまに一緒に帰る程度。

でも、この頃から、トトちゃんに少しずつ笑顔が増えてきていた気がします。

楽しみにしていた初デートで服装をディスられる

トト

ゆっこがぼくの会社に入社してきたのは、ぼくが休職する少し前のことでした。

第一印象は、「かわいいなぁ」。でも、お子さんがいると聞いていたので、恋愛対象ではないなと思っていました。

ただ、ぼくのそうした個人的感情は抜きにしても、ゆっこが入社したことは大きかったと思います。なぜなら、彼女が入るまで、手話ができる人がいなかったから。ゆっこが来て、聴者とろう者の橋渡し的な役割を担ってくれたので、両者の交流が随分とスムーズになったと記憶しています。

ぼくが休職から戻ってくると、何だか、ゆっこがやたらとグイグイ来る。

職場で頻繁に話しかけてきたり、一緒に帰ろうと誘ってきたり、明らかにぼくに興味があるようでした。当時の話をすると、ゆっこは「あなた、嫌がってたよね」と言いますが、本当は嬉しかったんです。なぜなら、彼女は手話を通じて唯一まともにコミュニケーションがとれる聴者だったし、何よりも、一緒にいて楽しかったから。

ゆっこといて居心地が良かったのは、おそらく、彼女のマインドが極めてフラットだったからだと思います。

例えば、当時の会社の上司で、やたらとぼくに協力的な人がいました。いろいろと手伝ってくれるのはありがたいのですが、簡単なことも、「これ、1人じゃできないよね？」と言って介入してくるんです。「大丈夫です」と言いたかったけど、上司だし、親切心でやってくれているいることだから、なかなか上手く伝えられなくて。聴者との距離感って難しいなって、悩んだ時期がありました。

その点、ゆっこは、ある意味ではドライでした。困ったときだけ協力してくれるから、逆に何でも気軽に話せたんですよね。彼女は最初から、誰に対してもそういう態度。ろう者にも聴者にも、会社の偉い人にも年下の後輩にも、自然体で対等です。そういう人って、あんまりいない。すごいなぁと思いました。

気づけば一緒にいる時間が増えて、2人でデートをするまでの仲になっていました。もう昔すぎて、当時のことはあまり覚えていませんが、初デートで「服がダサい」とディスられたことだけは忘れられません。

ぼくは当時、ステューシーとかヒステリックグラマーとか、ストリート系のちょっと奇抜なファッションが好きでした。その感じで初デートに出かけたら、初めて見たぼくの私服が、ゆっこにとっては衝撃だったようです。「つい最近までうつ病で休職してた人が、そんなイケイケの恰好《かっこう》する?」と。失礼ですよね。人の好みのことは放っておいてほしい。

放っておいてほしいと思いつつ、気づけば自然と洋服の好みも変化し、ゆっこが嫌がるタバコもやめていました。実際のところ、彼女と一緒にいるようになって、ぼくはかなり変わったと思います。

ぼくの人生。

先ほどろう者に囲まれて育った大学生までが第1部、社会人になって聴者と触れ合い、うつ病になるまでが第2部と紹介しましたが、ゆっこと出会ってからが第3部でしょう。それぞれで違う自分がいて、考え方も随分と違う。でも、誰だって、そんな風に、いろんな自分を持っているんじゃないかなと思います。

その上で、過去の自分も、きちんと受け入れる。生きることって、そういうことの繰り返しなのかもしれません。

アンチ上下関係。相手とは常にフラットでいたい

トトちゃんとの初デートで唯一記憶にあることと言えば、彼の私服があまりにもカッコ悪かったことです。

クレバーで、控えめで、無表情だった当時のトトちゃん。何となく、無印良品みたいなシンプルファッションで来るのかなと思っていたら、待ち合わせ場所に現れた彼を見てびっくり。エイプっぽい（でもエイプではない）パーカーにだぼだぼのジーンズ、頭にはキャップを斜めにかぶって、完全にヒップホップ風のストリートファッションだったんです。

いいんです。ストリートファッションは似合う人が着ればかっこいいので、そのコーディネート自体に文句を言うつもりはありません。

でも、トトちゃんは違くない？

それが私の正直な感想でした。この初デートの衝撃は、後世まで語っていくつもりです。

加えて、当時のトトちゃんは喫煙者でした。私はタバコの煙が苦手だったので、やめてほしかったけど、それはあくまで彼自身が決めること。

そこで私は、

「あなたがタバコをやめてもやめなくても、どっちでもいいの。でも、吸っている限り、私との未来はないからね。それは明日かもしれないし、10年後かもしれない。いつかはわからないけれど、死ぬまで一緒ってことはないから。でも、吸いたかったら全然吸ってね」

ということを、会うたびにチクチク言い続け、気づけばトトちゃんはタバコをやめていました。

ファッションにしても喫煙にしても、最初の印象とのギャップはかなりのものでしたが、「よし、どうやって私色に染めてやろうか」という発想になっていましたね。結果、私色に染まったかどうかは置いておいて、今のトトちゃんは昔と随分変わったと思います。多分、良い方向に。

付き合いたてでデートをしていた頃、「耳が聞こえない」という点で、不便さを感じたことは一度もありません。むしろ、「好きな人と会社以外で会えて嬉しい！」という気持ちと、「私服、何とかならんか」というもどかしさでいっぱいでした。

ろう者といても不便を感じなかったのは、私が手話をできたことが大きかったでしょう。加えて、手話の学校で学んだマナーも役に立っていたのかもしれません。

２０２２年にフジテレビ系で放送されていた『silent（サイレント）』というドラマがあります。聴者とろう者のラブストーリーで、大ヒットしたのでご存じの方も多いでしょう。

そのドラマの中で、聴者の女の子とろう者の男の子が、カフェでデートをするシーンがありました。そこで、女の子の方が、「私が頼むね」と言って、店員さんに２人分のオーダーをするのです。

一見何でもないやりとりのようですが、当たり前のように聴者の女の子がオーダーをしたことに、ろう者の男の子の心は少しだけザラつきます。メニュー表を使えば自分もオーダーできるのに、という気持ちと、親切心でやってくれている彼女にそんなことを思ってしまう自分への嫌悪感との葛藤があるのだろうと想像しました。

これって、すごく難しい話だと思います。聴者の気遣いを「助かる」と感じるろう者もいるし、自尊心を傷つけられるろう者もいる。良かれと思ってやったことも、長い目で見ると、ろう者にとってマイナスになってしまう場合もあるんですよね。

これは視覚障がいの話ですが、こんなこともあります。

スーパーマーケットで、ある視覚障がい者が買い物をしていました。すると、いつもと違うところにカートが置いてあって、ぶつかりそうになっていた。そばで見ていた健常者が、カートをよけてあげようとすると、別の健常者が、「それはやめた方がいい」と止めます。予想しないところに障害物があるっていう学びの妨げになるから、よほど危険なシチュエーションじゃない限り、手を出さずにいるべきだと。そういう考え方もあるんです。

ただ、あんまり考えすぎると何も行動できなくなってしまうので、基本的に、私は頼まれたらサポートするようにしています。それはおそらく、子育てにも近い感覚。本人からＳＯＳが出るまでは、近くで見守るだけというスタンスです。

トトちゃんは、どちらかと言えば、自分でできることは自分でやりたい人です。彼いわく、何でも助けるのではなく、まずは「何か困っていることはありますか？」と声をかけてもらうことが、ろう者である自分にとって一番自然で理想的な対応なんだそうです。だから私も、できる限りはそう振る舞うようにしています。もちろん、状況によって対応はさまざまですが。

ろう者との向き合い方に、マニュアルがあるわけではありません。私なりの、ろう者との向き合い方。距離感。そのベースとなるものは、手話の学校で得た学びもありますが、そもそもの自分の気質によるところが大きい気がしています。

私、上下関係というものがすごく苦手なんです。障がいがある・ない、だけではなく、上司とか部下みたいな概念も煩わしい。上から来られたら私も負けじと上からいくし、下から来られるのも居心地が悪い。だから昔から、会社のような集団組織にはなかなか馴染めません。

常に相手と対等な状態で向き合うよう意識しているので、それがあるいは、トトちゃんが私に感じた「フラットさ」につながっているのかもしれません。

ゆっこの連れ子・みゆかとねねちゃんとの思い出

ゆっこと付き合いたての頃のデートの思い出は、正直なところ、あんまりありません。というのも、２人きりではなく、彼女の子どもたちも一緒に遊ぶことが多かったからです。

最初に仲良くなったのは、次女のねねちゃんです。ぼくがゆっこと付き合い出した頃、彼女は幼稚園の年長さん（６歳）で、すぐに懐いてくれました。なぜなら、ぼくたちには、スーパーマリオという共通の趣味があったから。一緒にゲームをして意気投合し、家に遊びに行くといつも「ゲームしよう！」と誘ってくれたことを思い出します。

長女のみゆかは、当時小学生（10歳）。ぼくよりも友達と遊ぶのが楽しいという年頃だったので、ねねちゃんと比べると、仲良くなるのに少し時間がかかったように思います。

距離が縮まったきっかけは、彼女が中学生になった頃。突然「原宿に行きたい」と言い出し、ぼくとねねちゃんと3人で原宿へ行くことになりました。

原宿駅に着くと、みゆかは目的地に向かって一直線。どうやらお目当ての雑貨屋さんがあったようで、欲しい物を次々とピックアップし、ぼくのところへ来て「買ってほしい♡」と、目とジェスチャーで訴えかけてくるんです。「ぼくは財布ってこと?」と思いつつ、しょうがないので買ってあげました。

そのことがあってから……というわけではないんですが、ぼくは、誕生日やクリスマスに、子どもたちへのプレゼントを欠かしませんでした。「仲良くなりたい」という意識があったわけじゃないんだけど、何となく? ついつい? 買ってしまう。その甲斐《かい》あってか、みゆかとも、時間をかけて徐々に距離が近くなっていった気がします。

好きな人に子どもがいることについては、全く抵抗がありませんでした。

ゆっこのことを深く知る前は、「子どもがいるから、恋仲にはならないだろう」と勝手に思っていたけれど、好きになってしまった後は、むしろ家族が増えて嬉しいような気持ちもありました。

母親の新しい恋人の――しかも耳が聞こえない――ぼくを受け入れてくれた２人にも、とても感謝しています。一緒に遊ぶようになって、ぼくとコミュニケーションをとるために、指文字を覚えてきてくれたこともあった。あのときは本当に嬉しかったなぁ。

今でも、初めて子どもたちに会ったときのことを思い出します。ゆっこが子どもたちに、「この人、ママの好きな人だからよろしくね！　ちなみに耳が聞こえないから」……と、めちゃくちゃ軽いノリでぼくのことを紹介したんですよね。「そんなんで大丈夫なの!?」と、不安になるくらい軽い。で、子どもたちも、「そうなんだ、よろしく」みたいな感じで、平然としているんです。

いや、戸惑いはあったのかなぁ。ぼくの気づかないところで、子どもたちは子どもたちなりの葛藤があったのかもしれません。

これは、ゆっこ独自の価値観や子育ての話になります。ぼくも結婚してから知ったことですが。

彼女の中で、「親の人生も子どもの人生も、自由であるべき」という確固たる信念があります。

子どもの人生はその子自身が決めるもので、親は子どもがどんな道を歩もうとも全力で応援する。その代わり、親の人生の自由も保障されるべきである、というスタンスなんです。

その気持ちが、子どもたちにも伝わっている……と考えるのは、あるいは大人の都合なのかもしれません。でも、当時も、そして今も、ぼくたち家族はとても深いところでつながっている実感があります。

ちなみに、みゆかは先日、ぼくたちより年上の旦那さんと結婚し、赤ちゃんを出産しました。ますます家族構成が複雑になってしまいましたが、それもそれで、1つの家族の形です。

親であるぼくたちは、彼女の選択を尊重し、一生応援していきたいなぁと感じる日々です。

賞味期限を気にしない女、気が利かない男

トト

１人暮らしをしていたマンションの更新のタイミングで、ぼくがゆっこの家に転がり込む形で同棲がスタートしました。ゆっこ、ゆっこのお父さんと娘たち、そしてぼく。初めての聴者との共同生活です。

まず実感したことは、聴者は声を出すだけで振り向いてくれるから、便利だなぁということ。実家にいた頃は、物を投げるか床を叩くかしないと誰も気づいてくれなかったので、「ねえ」と言うだけで「なに？」となるのはラクで助かりました。

聴者は、音に敏感であるというのも新たな発見でした。例えば、ぼくが普通に歩くだけでも「足音がうるさい」とか、夜中に何かすると「深夜に物音を立てるな」とか言ってくる。今ま

でそんなことを意識したことがなかったので、「聴者って、意外と音にうるさいんだな」と思ったのを覚えています。

あとは、1人暮らしをしていたときと同じように、冷蔵庫を開けっぱなしにしたり、水道の水を出しっぱなしにしたりという失敗もありました。でも、そこはトライアンドエラーで、大した問題にはなりません。実際のところ、ろう者と聴者の共同生活は、いたって普通。何か特別にルールを設けなければいけないとか、お互いが気を遣わなければいけないとか、そういうことは一切ありませんでした。

それよりも問題だったのは、ぼくとゆっこの根本的な人間性の違いです。聞こえる・聞こえないは関係なく。

例えば、ぼくはどちらかというと神経質な方。物はいつも決まった場所に置かれていないと気持ち悪いし、料理もレシピ通りに作らないと気がすまないタイプです。でも、ゆっこは使った物をいつも別の場所に置くし、料理も感覚でやるタイプ。ぼくがレシピ通りにカレーを作っていると、横から余ったほうれん草などを入れてくるので、「味が変わる！」とやきもきします。あと、賞味期限に無頓着なのもイヤだなぁ……。

逆に、ゆっこからすると、ぼくの気が利かないところがイヤなんだそうです。これは自分でも自覚があって、直そうと努力はしています。

例えば、玄関に靴が散乱しているのを見て、自分の靴だけを片づける。飼っている猫の水が減っていても取り替えない。キッチンのタオルは一生取り替えない。ティッシュなどの消耗品がなくなっても放っておく。もちろん、気づいたらやるんですが、問題は、気づかないってことなんです。

「じゃあ、気づくためにはどうしたらいいの?」

と、ゆっこにさらに怒られるハメになりましたが、これは自分流の解決策を思いつきました。

要は、こうした1つ1つのタスクを習慣化してしまえばいいわけです。そこでまず、スマホに毎日やることを記録し、リマインダーをセットしました。「玄関の靴」「洗剤の残りを確かめる」「猫の餌、水チェック」など、10個くらい。習慣化されたものは消していって、また新たなタスクを足していく。これは自分的に大成功だと思っていて、ゆっこも昔よりイライラすることが少なくなった気がしています。

聴者と暮らし、些細なケンカを挟みながらも緩やかな日々を過ごして感じたこと。それは、彼らもろう者と変わらないな、ということです。

ろう者と一線を引く聴者がいるように、ぼくも彼らを「宇宙人みたい」と感じることで、ある種の壁を作っていました。だけど蓋を開けてみたら、同じようなことで笑い、泣き、たまには意見がぶつかってケンカもする。ごく当たり前のことだけど、同じ人間なんだということを、一緒に暮らして、本質的なところで理解できた気がします。

加えて言うなら、ぼくの中で、ゆっこはちょっとろう者っぽい性格の持ち主。コミュニケーションを円滑に図るため、ろう者は自分の意見をストレートに伝えたり、全身で気持ちを表現する人が多いです。ゆっこは聴者だけど、わりとズケズケと他人の心に入り込んでくるので、「こういう聴者もいたんだ」というのは新たな発見でした。

反対に、ぼくは聴者っぽいと、よくゆっこに言われます。遠慮するし、人に気を遣うし、オブラートに包んだものの言い方をすることが多い。手話にはその人の個性が出ますが、ぼくは結構遠回しな表現をしがちなので、たまに「聴者か！」と感じるんだそうです。

ぼくたちは、性格も考え方も真逆の２人です。でもだから、面白いんでしょうね。

ろう者との結婚・出産に不安はゼロだった

トトちゃんと、死ぬまで一緒にいるかもしれないな。同棲しながらそんなことを考えたとき、じゃあ、音楽やカラオケは、もういらないやって思いました。

カラオケは昔から好きでした。娘とライブに出かけるほど音楽も大好きだったけど、それをトトちゃんと共有できないのなら、自分の人生には必要ない。むしろそれがあることで、やっぱりろう者とは違うんだって、トトちゃんに1ミリでも思われることが怖かった。それくらい、彼にぞっこんだったんですよね。

そんなときに、私の妊娠が発覚しました。35歳のときです。それを機に、私たちは晴れて籍を入れました。なお、プロポーズの言葉などは、お互い一切ありません。

妊娠を知ったときの気持ち。まずは、「ウソでしょ!?」という驚き。

もともと無理をして子どもを作ろうとは思っていなかったんです。今年いっぱい頑張ってみようか、それで無理なら養子をとろう、と話していた翌月に即妊娠だったので、奇跡的な確率だったと思います。

そうでなくても、35歳という年齢は、一般的に、妊娠や出産には高齢にあたります。加えて、トトちゃんは体が非常に弱くて、生粋《きっすい》の病気持ち。潰瘍性大腸炎をはじめ、慢性気管支炎、虹彩炎《こうさいえん》、鼻炎、アトピーなどの持病があって、いつも結構な量の薬を飲んでいたから、勝手に生命力が弱そうなイメージがあって……。きっとかいちゃん（このときお腹にいた娘です）は、早く産んでほしかったんだなぁと、今ではそう思います。

よく、ろう者と結婚したり、子どもを育てることに不安はなかったかという質問を受けます。ここまで読んでいただいた方ならお察しいただけるかもしれませんが……、はい、不安というものは一切ありませんでした。

私の性格上、と言ってしまえばそれまでなのですが、あらためて、なぜ自分がこんなにも不安にならないのかを考えてみました。それで出た答えがあります。

まず、ろう者と結婚することについて。

現実問題として、面倒くさいことはたくさんあります。銀行やクレジットカード、携帯電話などの契約の際に、ろう者であるがゆえに、手続きがスムーズに進まないことは往々にしてあります。また、親がろう者だと、子どもの学資保険や、住宅ローンの審査に通らないケースも少なくありません。トトちゃんと一緒にいることで、そういうハードルを自分も経験することになりますが、それは同時に、変えるきっかけを自分自身が生み出せることでもあるんです。

例えば、先日トトちゃんと行った飲食店にはメニューがなくて、彼がオーダーをしづらかったことがありました。そういうときに、面倒だけど、「ろう者がわかるよう、メニューがあると嬉しい」っていう要望を本部にメールします。そうした小さなことの積み重ねで、若いろう者や、これから産まれるあらゆる障がいを持つ人たちの未来を変えられるかもしれない。そんな風に考えると、いろいろなことに、すごくポジティブに向き合えるんです。

産まれてくる子どもが、ろう者かもしれないという不安。そして子どもをろう者と育てていけるのか、という不安について。

これについて、トトちゃんはいろいろ思うことがあったようですが、私は全く気にしませんでした。子どもがろう者でも視覚障がい者でも、ほかの障がいがあったとしても、それを受け入れるだけのことです。

目が見えない子が産まれたら、「見えないのか、そうか。じゃあどうやって一緒に生きていこうか」っていうことを、そのとき初めて考える。そもそも、考えても結論が出ないんだから、不安という感情を持つこと自体が無意味なんです。

加えて、障がいのある・なしにかかわらず、子育てが苦しいときは、周囲の手を積極的に借りるべきだと感じています。自分たちだけで何とかしようとせず、みんなで助け合って、育てていけばいい。

そんな気持ちがあったから、出産や子育てにネガティブな感情は１ミリもありませんでした。

ちなみに、妊娠が発覚しても、トトちゃんにすぐには伝えませんでした。彼の誕生日が近かったので、そのお祝いと同時にサプライズで報告しようと計画したのです。

誕生日当日。

私は見開きのバースデーカードを用意しました。パッと開くと、左側に「HAPPY BIRTHDAY」のメッセージ、右側にはエコー写真を貼り付けました。これを見たトトちゃんはどんなリアクションするんだろう……、泣いちゃったらどうしよう!? などと期待しながらカードを渡しました。

カードを開いたトトちゃん。

シーン。無音。無表情。まさかのノーリアクション。

一緒にサプライズをした娘のみゆかも、「え?」と若干引くくらい、反応が薄かったんです。

……どうして?

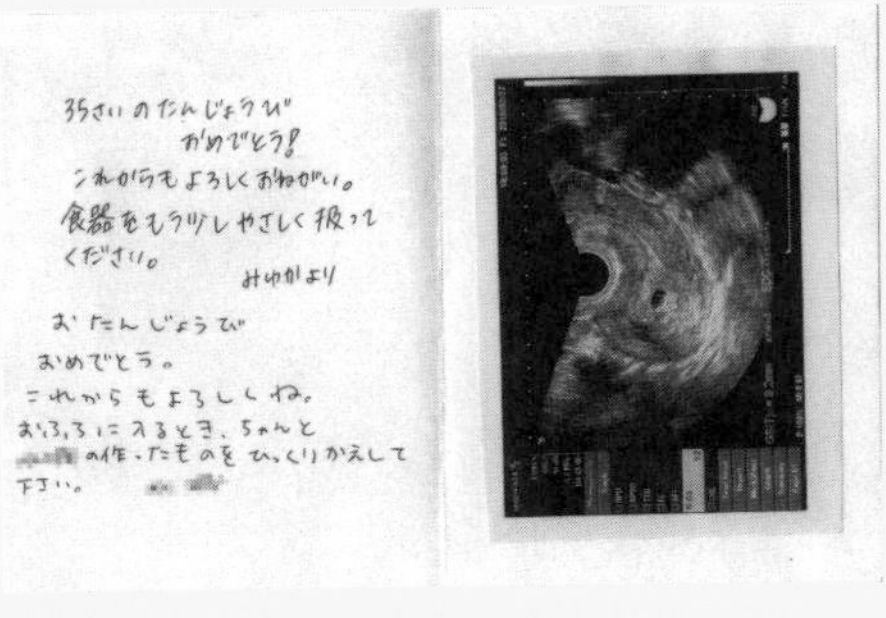

バースデーカードにメッセージを書くため、長女、次女と近所の喫茶店へ。次女のメッセージの意味は、次女もトトちゃんも全く覚えていないそうです。エコー写真にどれだけ驚くだろうか? とワクワクしたけど、シーンとしていました。(ゆっこ)

もし産まれてくる子どもが障がい者だったら

トト

ゆっこから妊娠の報告を受けたときは、もちろん死ぬほど嬉しかったです。でも同じくらい、不安がありました。果たして、自分が父親として、ちゃんと子育てできるのだろうかという不安です。これはおそらく、聞こえる・聞こえないに関係なく、親になる多くの人が感じることかもしれません。

ゆっこと親しくなってからは、２人きりよりも、彼女の子どもを交えて遊ぶ機会が多かった。一緒に住んでもいたので、そういう意味では、結婚を通り越して、すでに子どもがいるような感覚でした。

でも、実際にエコーの写真を見たら、当たり前だけど、自分が父親になるという実感が急にリアルに迫ってきた。嬉しいやら不安やら、いろいろな感情が交錯して、サプライズに上手くリアクションできなかったんだと思います。

もし、産まれてくる子どもがろう者だったら。

ぼくはデフファミリーで育ったので、その可能性は十分にあると思いました。でも、ぼくはろうの先輩だから、教えられることはたくさんあるし、生きていくのに必要なアドバイスはしてあげられる自信がありました。

では、もし目が見えなかったり、それ以外の障がいを持っていたら？

これはぼくの知らない領域なので、正直なところ、あまり自信が持てませんでした。どんな風に育てたらいいか、ちゃんとその分野のことを勉強できるかといった不安があり、できれば子どもは健常者で産まれてきてほしいと思ったのを覚えています。

海外旅行へ行ったときの写真です。この半年後にかいちゃんの命が宿りました。これは長女が撮ってくれました。（トト）

当時のことをゆっこと話した動画があるのですが、彼女は面白いくらい、そういう不安とは無縁の人なんですよね。「不安って無意味じゃん」と言われても、出てきてしまうものだからしょうがないって反論したい。でも一方で、彼女と話していく中で気づく、新しい視点もあって。例えば、産まれてくる子が視覚障がい者だったら、目の見えない世界、新しい文化を学ぶきっかけになります。足がない子どもなら、車いすの目線から、新たな発見があるかもしれない。今は車いすの人が活躍するフィールドがたくさんあるので、そういうコミュニティに参加する楽しみもあるでしょう。

子どもと一緒に今まで知らなかった世界のことを学べたら、それはすごく素敵なことにちがいありません。

そう考えたら確かに、世の中に不安になることってあんまりないのかな。

いや、でも、ぼくの性格的に、いつでもポジティブでいるのはやっぱり難しいな。

コラム1

文字だから言える!?「お互いの好きなところ・直してほしいところ」

気持ちを切り替えてほしい夫、前髪を割らないでほしい妻

ゆっこ　しこりが残らないように、まずはお互いの直してほしいところから話そうか。

トト　OK。……怒らない？

ゆっこ　怒らないよ。

トト　2つあって。1つは、使った物は、元の場所に戻してほしい。

ゆっこ　自分では戻してるつもりなんだけどなぁ。でも確かに、旅行から帰ってきたときとか、トトちゃんはすぐに荷物を解いて片づけるよね。私はちょっと、ゆっくりしたいのよ。なんなら片づけは次の日でもいいと思ってる。

トト　なんで？　片づけて寝た方が絶対スッキリするじゃん。

ゆっこ　片づけてるっていっても、あなた、自分の分だけでしょ。やるならかいちゃんの分も片づけてよね（怒）。

トト　（やばい、怒られる……）で、もう1つは、一度怒ると、わりと長い時間尾を引くこと。ゆっこの気持ちの問題だし、怒られた自分に原因があるのはわかってるんだけど、もうちょっと短くしてほしい。

ゆっこ　逆に私は、もうちょっと尾を引けよって思ってるよ。トトちゃんは気持ちの切り替えが早すぎなの！「まだ怒ってるの？」とか言ってくるし。

トト　逆に、ゆっこのオレに対する不満は？

ゆっこ　やっぱり、料理だね。冷蔵庫にある物を使い切るっていう意識が全くないじゃない。レシピに書いてない具材を入れても、カレーなら大丈夫なのに。

トト　それはなんか……自分の中で、気持ち悪い。

ゆっこ　しかも、料理があんまり得意じゃないくせに、難易度の高いものを作りたがるんだよなー。ブリ大根とかさ。

トト　せっかくやるなら挑戦したいじゃん。自分が食べたいものを食べたいし。

ゆっこ　あともう一つ。前髪が割れるのがイヤだ。

トト　くだらない。

ゆっこ　くだらないんだけど、イヤなの！　前髪が割れてないあなたが好きすぎて。割れてると何か、かわいくないの。私の癒しのために、常に割らないでいてほしい。

トト　まあ……、努力はしてみます。

「私ばかり癒されすぎて、逆に生きてて楽しい？」

ゆっこ　じゃあ、私の好きなところは？

トト　たくさんあるから、全部は言い切れない。例えば、優しいところ。優しいっていうのは、細かいところまで配慮してくれたり、何も言わなくても助けてくれたり、フラットに接してくれたりっていう、いろんな意味での優しさかな。

ゆっこ　そう、私、意外と優しいのよ。

トト　最近だと、ねねちゃんの大学入試の準備も全部完璧にしてくれたじゃない。そういう、生活の中で必ずやらなきゃいけない細かいことにも気が回るのも、頼り甲斐があって安心する。すごく尊敬してるかな。

ゆっこ　私は……。うーん。トトちゃんって、ダメなところがないんだよね。イライラすることはもちろんあるんだけど、基本的に何の不満もないから、逆に申し訳なくて。一緒にいていつも私ばかり癒されてるから、「生きてて楽しい？」って思っちゃう。

トト　それ、実際にしょっちゅう聞いてくるよね。

ゆっこ　あれ聞かれて、どんな気持ち？

トト　何だろう、笑っちゃう。「楽しい」って答えるしかない。

ゆっこ　あ、でも、私がイヤなことを率先してやってくれるところは好きかな。虫を退治してくれたり、私の家族が大変なときに、間に入ってくれたり。そうそう、あとは子どもたちのお祝い事に、積極的に参加してくれるところも好き。私には、誕生日も結婚記念日も何もないけど。

トト　ゆっこの誕生日にはいつもケーキ買ってるじゃん！

ゆっこ　あんまり美味しくないんだもん。

トト　そういうこと言うから、どうお祝いすればいいのかわからなくなって、やらなくなるんでしょ。

ゆっこ　それはそう。でも、お祝いがなくてもプロポーズがなくても、トトちゃんがいてくれるだけで、私の人生のご褒美なのかも。

トト　それ、動画じゃなくて文面だから言えることだね。でもありがとう。

第4章

「かいちゃんの誕生と3人の新しい生活」

忙しい子育て中に夫は入院、私はキレてしまった

ゆっこ

出産、子育てに不安はない。

そうお話ししましたが、いざ子どもが産まれた後は、

「ヤバい！　やっぱ子育てって大変だわ」

と思うことの連続でした。むしろ、あれだけ自信がなさそうだったトトちゃんの方が落ち着いていて、余裕があったような……。

私にとっては三度目の出産と子育てだったので、余裕だろうとたかをくくっていたんです。でもやっぱり、体力が追いつかない！　子どもが産まれてすぐの頃は、親はほとんど眠れない日々が続きます。３人目が産まれて実感したのは、当たり前だけど、若い頃と違って体への負

担が大きいなぁってことです。

それに加えて、トトちゃんからも目が離せない。

育児には積極的に参加してくれたトトちゃんですが、娘のかいちゃんへの接し方が危なっかしくて、見ていてハラハラするんです（汗）。

例えば、私がどうしても外出しなければいけなかったときのこと。かいちゃんは寝ていたんですが、泣いてもトトちゃんは気づくことができないので、絶対に目を離さないようお願いしました。そしたら、

「大丈夫だよ、5分に1回は必ず見るから」

と、ドヤ顔で言ってくる。

5分に1回……。じゃあ仮に、トトちゃんが様子を見た直後にかいちゃんが泣き出したら、5分間、ずっとそのままなの？　そう聞くと、「まあ、大丈夫だよ」と言って平然としている。

もちろん、ろう者のトトちゃんとしては最大限の対応だと思います。ただ、やたらと彼が自信満々な様子なので、何かモヤッとするんですよね。

あとは、トトちゃんがかいちゃんに「高い高い」をしたときに、かいちゃんの頭を思いっきり天井にぶつけたことがありました。基本的に、彼は注意力散漫です。そのときも、焦る私を横目に、「あ、ごめんごめん。でも大丈夫だよ」とめちゃくちゃ余裕な態度。「大丈夫」ってすぐ言うんですが、その根拠のない自信はどこから来るんだよ、と突っ込みたくなります。

そんなトトちゃんでしたが、かいちゃんが1歳になった頃、体調を崩してしまいます。もともと持っていた潰瘍性大腸炎を発症し、1カ月入院することに。

このときの私の気持ちを、炎上覚悟で正直にお伝えします。

「この忙しいときに、なんで病気になっちゃうの⁉」です。

今となっては、当時の私の人でなしっぷりを、深く反省しています。後で発覚したのですが、トトちゃんはこのとき、仕事で多大なストレスを抱えており、育児の忙しさも相まって、持病を発症してしまったそうです。彼は基本的に、会社で何かあってもそれを言わず、ストレスを溜め込むタイプ。育児もかなり頑張ってくれていたので、体が悲鳴を上げていたのでしょう。

あのとき、あんな鬼畜なことをチラッとでも思ってしまって、ごめんね、トトちゃん。

……でも、入院することが決まったときに、一瞬見せた嬉しそうな顔を、私は忘れません。「休める♪」っていう気持ち、１ミリくらいはあったよね？

「聞こえない」ことが育児においては有利だった？

トト

かいちゃんが産まれる前は、いろいろ考えて不安な日々を過ごしていましたが、いざ産まれると、悩む暇なんてありませんでした。

一番大変だったのは、とにかく目が離せないこと。ぼくはかいちゃんの泣き声に気づいてあげられないので、いつも隣にいて、様子をジッと見ている必要がありました。

加えて、かいちゃんが泣くと、ゆっこがとてもぐったりしてしまう。だから、毎日かいちゃんを抱っこしてお散歩に出かけたりして、なるべくゆっこの負担を減らすよう努力していました。

育児はやっぱり大変でしたが、それと同時にぼくの中にあったのが、産まれてしまえば意外と何とかなるもんだな、という感覚。これはひょっとすると、耳が聞こえないことも影響しているかもしれません。

赤ちゃんの泣き声がどういうものなのか、ぼくにはわかりません。でも、お母さんによっては、それでノイローゼになってしまう人もいると聞きます。ゆっこを見ていても、昼も夜も満足に眠れず、いつもぐったりしている様子。その点においては、ぼくはストレスを感じることが全くなかったので、正直なところ、「聞こえるのも大変なんだな」とのんきに思っていました。

ちなみに、ゆっこの方も、「お弁当作りなどの早朝の家事に騒音を立ててもいいのはラクだった」ということはあったようです。

思い返せば、デフファミリーだったぼくの家族や、同じコミュニティにいたろう者たちは、子どもが泣いていてもあまり気にしないような人が多かった気がします。さらに言えば、子育てに限らず、日常のあらゆることに、ある意味では無頓着であったと言えるかも。

例えば、ぼくが１人暮らしをしていた頃。インターフォンの音に気づくことができないので、配達業者からの荷物はほぼ受け取れませんでした。すでにお話しした通り、冷蔵庫を開けっぱなしにしたり、水を出しっぱなしにしたりすることも常々。他にも、おそらく気づいていないだけで、トラブルはぼくの知らないところでいくつも起きていたのだと思います。

ただ、そもそもトラブル自体に気づかないので、気にしようがないんです。加えて、来客に気づかないのも、冷蔵庫を開けっぱなしにしてしまうのも、ぼくにとっては些細なことで。うつ病になるほど繊細なわりに、そういうところは無頓着な部分があるので、子育てにも、良く言えば大らかに取り組めたのかもしれません。悪く言えば、その根拠のない自信で、ゆっこをハラハラさせてしまいましたが……。

潰瘍性大腸炎を発症した原因は、主に会社にありました。当時、係長という役職に就いて、新たな業務や人間関係にストレスを感じていたのでしょう。加えて、育児でも忙しく、心と体が休まる暇がなかったことで、1カ月の入院という運びになりました。

……正直に言えば、入院はいい休憩になりましたね。ちょうどオリンピックをやっていたので、仕事や育児から解放されて、毎日テレビを見て優雅に暮らしていました。

「子どもってすごい！」と思ったスシローデート

今、かいちゃんは8歳。彼女は言葉と手話（完璧ではありませんが）を使ってぼくたちとコミュニケーションをとります。手話は、ぼくたちがあらたまって教えたわけではなく、気づいたら自然と覚えていました。

また、ぼくと会話するとき、かいちゃんは、口を大きく開けてゆっくり喋ります。その方が通じるということがわかってきて、自発的にそうするようになったのです。賢いし、優しいなぁと思います。

ちなみに、「大変」ということを伝えたいとき、かいちゃんは両手で頭を抱える動作をします。彼女がオリジナルで考えた手話で、本当の手話は違うのですが、かわいいので、あえて教えずそのままにしています。

今でも覚えているのが、かいちゃんが、まだ喋れないような歳の頃。1歳とか、2歳とかかな？　家にぼくと2人っきりだったのですが、インターフォンが鳴ったことを、背中を叩いて教えてくれたんです。本当に驚きました。ぼくが聞こえないことを理解した上で、「誰か来たよ」って、教えてくれたんです。

聴者として子どもを育てたことがないので断言はできません。でも、実感として、聞こえない親の元に育つ子どもは、助け合いの精神が強く育まれる気がします。かいちゃんに限らず、ゆっこの上の2人の子どもも、いつもぼくを気にかけ、足りない部分をサポートしてくれていました。

例えば、親であるぼくと会話をするにしても、「何を言っているのか理解したい」という歩み寄りが、少なからず必要になる。そういう意味では、コミュニケーションに対して積極的な子どもたちだと言えるかもしれないし、それを生活の中で、自然と身につけていくものなのだと感じています。

子どものそんな優しさは、みゆみゆチャンネルの「ママが居ない間にスシローデート！」という動画の中でも観ることができます。かいちゃんは、当時5歳。ぼくと2人でスシローにご飯を食べに行くという内容の動画なんですが、お店に入るところで、ぼくが大失態を犯します。半地下にあるお店に続く階段で、かいちゃんが転んでしまう。でもぼくは、それにちっとも気づかず、どんどん先に進んでしまうんです。

彼女は当然、激おこです。「なんで手をつないでくれなかったの？」「トトちゃんが見てくれなかったから、かいちゃんが転んじゃったの！」と、涙ながらに訴えられて、本当に申し訳ない気持ちになりました。にもかかわらず、彼女は、お店の番号案内のアナウンスをしっかりぼくに教えてくれる。「今76番だよ」「まだご案内の準備ができてないって」。目に涙を溜めながら、それでも状況をきちんと説明してくれる彼女を見ながら、子どもってすごいなぁと、心から思いました。

当然のことながら、スシローの動画を観たゆっこにもかなり怒られました。「高い高い」をして頭をぶつけた件もそうですが、ぼくには確かに、注意力が散漫なところがあります。かいちゃんが玄関のドアに指を挟んだときもちっとも気づかなかったし、家でちょっと目を離した隙に、かいちゃんがいなくなってしまったこともありました（庭でニコニコとお花を見ていました）。耳が聞こえないからこそ、人一倍注意して、目を離さないようにしなければいけませんね。

その他にも、ぼくがよくゆっこやかいちゃんを怒らせることに、「テンションの違い」があります。

聴者には、怒ると声が大きくなる人がいます。ゆっこやかいちゃんも、おそらくそのタイプ。でもいかんせん、ぼくは聞こえない。だからたまに、相手がどのくらい怒っているのかがわからず、軽いテンションで返してしまうことがあるんですよね。

例えば、かいちゃんが何かに怒ってわめき散らかしているのに、その怒りの度合いがわからなくて、まともに取り合わないことがあります。それどころか、ぷんぷんしている様子がかわいくて、笑ってしまうこともある。そうすると、かいちゃんはもっと怒るし、ゆっこにもキツく注意される。ろう者同士なら、手話のスピードや表情で「あ、すごく怒ってるな」ってわかるんですが、聴者だと見極めが難しい場合があるので、これもぼくが注意しなければいけないことの１つです。

怒っているかいちゃん、笑っているかいちゃん。彼女はどんな声を発しているんだろうと気になることも、たまにあります。でも、声を聞いてみたいと感じることは、実はあんまりないかな。それはぼくが、もともと音のない世界で生まれ育ったから。「声」というもの自体を知らないから、今のままが自然だし、今のままでいい。

むしろ、聞こえないことで知ったかいちゃんの優しさや、ヘンテコな手話をするかわいさ、対話を諦めないたくましさを、彼女のそばでいつも見ていられることに幸せを感じています。

私が自由であるために、子どもにも自由でいてほしい

ゆっこ

　大反響をいただいたスシローデートの動画ですが、２人の様子を初めて見たときは、私も衝撃でした。

　かいちゃんの優しさや、トトちゃんの相変わらずの注意散漫っぷりもさることながら、一番驚いたのは、「かいちゃんって、パパと２人のときはこんなに甘えん坊なの!?」ということ。私がいないときは相当なワガママガールであることを、このとき初めて知ったんです。

　私といるときのかいちゃんは、天真爛漫ではありますが、極端なワガママを言ったりすることはありません。でも、トトちゃんと２人でいるときは、「あれが食べたい！」と道端でバタ

バタして動かなくなるという、マンガみたいなことも平気でやるのだとか。
まあこれは、女の子がいるご家庭の〝あるある〟かもしれません。わが家では基本的に、トトちゃんはかいちゃんに甘々、私は厳しめの態度です。かいちゃんも相手を見て振る舞っているんだという新たな発見があり、母である私としては面白いような、ちょっと面白くないような複雑な気分です。

一度、かいちゃんに「どうしてパパは耳が聞こえないの？」と聞かれたことがあります。３歳の頃です。そのとき私は、ろう者が決して特別な存在ではないということを教えた記憶があります。

「パパは耳が聞こえないけど、目が見えない人もいるし、足がない人だっている。世の中にはいろいろな人がいて、パパもそのいろいろの一部なんだよ。かいちゃんもその一部だけど、耳が聞こえるし、目も見えるし、足だってある。だから、パパのことを助けてあげないといけないよ」

このときの私の言葉の意味を、かいちゃんなりにきちんと理解してくれているのだなぁと、スシローの動画を観てあらためて思ったのでした。

かいちゃんのように、聞こえない親を持つ聴者の子どもを「コーダ（CODA）」と言います。コーダとして産まれた子どもの中には、自分の親が聞こえないことを恥ずかしいと思ったり、イヤだなと感じたりする子もいるでしょう。実際、私もコーダとして育ち、親に反発を覚えて苦しい時期がありました。もっとも私の場合は、聞こえる・聞こえない以前に、家庭環境が破天荒すぎるという問題があったからですが……（汗）。

未来のことはわかりません。

でも、今のかいちゃんを見ていると、大きくなっても、そんな風に感じることはないだろうなっていう予感があります。

それはまた、私の素直な願望でもあります。もっと言えば、ろう者のお父さんがいることを、ある種の強みにしてほしい。

聞こえないお父さんがいるから、こんな出来事があった。こんな世界が見えた。そういう、人とはちょっと違う経験を武器に、彼女の価値観が広がっていけばいいと思います。で、周りの人たちが、「なんでうちの親は普通なんだ」って思ってくれたら最高かな。

反対に、「トトちゃんが聞こえないのがイヤ!」ってなったら、ちょっと悲しいけど、それはそれで受け入れます。どんな形であれ、子どもが意思を持つことは自由だから。そういう意味で、私が子どもに求めることは、最低でも成人までは生き延びてほしいということだけ。成人した後は、親に干渉されない自由な人生を送ってほしい。

私が子どもだった頃、祖母に「あなたは将来、日本舞踊の先生になるのよ」と言われて育ち、イヤだと思う私の気持ちは、あまり尊重されませんでした。また、叔父さんに対する嫌悪感も、見て見ぬふりをされていました。自分の意思をほとんど無視された子ども時代の経験があるから、私の子どもたちには、自由な意思を持ってほしいし、それを尊重したいという思いがあります。

それは同時に、私自身が自由に生きるための担保でもあります。

私の中で、自分の自由を主張するなら、相手の自由も認めなければいけないというロジックがあって。親子とはいえそこは対等に、お互いの自由を確立させた関係性でありたいんです。

とはいえ、成人までは、私も多少は口うるさく言うでしょう。かいちゃんが駄々をこねたら「ワガママ言うな！」と叱りますし、もっと大きくなって生意気なことを言い出したら、全力でバトルする所存です。

だけど、成人したら、彼女がどんな道を歩もうとも、必ずそれを応援します。それは、私自身の人生が自由であるためにも必要なことだからです。

もしかいちゃんが「聞こえない親はイヤ」と言ったら

聞こえない両親の元で育ち、「イヤだな」と思ったことが少しもなかったかと言えば、ウソになります。

ろう学校に通い、クラスメイトはろう者ばかりでしたが、親も聞こえないという子は少なかった。それがコンプレックスだったこともありますが、もとより子どもは、自分の親が他と違うことを嫌がる時期があるのだと思います。ゆっこが、自分の親が同級生の親より老けていたことをイヤだなと思っていたように、ぼくもまた、親がろう者であることに対して、少しだけ引け目を感じていました。もちろん、子どものときの話です。

かいちゃんがもっと大きくなって、もし、ぼくが耳が聞こえないことを「イヤだ」と思うようになったら。

うーん。ショックだな。

でも、感じ方は自由だと思う。

実際、ぼくも両親に対してネガティブな感情を抱いていた時期があったから、わかる部分もあるんですよね。だから、仕方ないかな。かいちゃんの正直な気持ちとして、それはそれで尊重すると思います。

でも、ゆっこが感じているように、かいちゃんはきっとそうならないと、ぼくも思う。ろう者に対して、あるいは、親が聞こえないという環境で育つことに対していろいろと考える時期は来るかもしれないけれど、それをコンプレックスに感じたり、「イヤだ」と思ったりすることはないような気がしています。

お父さんが聞こえなかったり、歳の離れた腹違いのお姉さんがいたりと、いわゆる〝普通〟とはちょっと違う家族。でも、そこで楽しく、自由に生きてほしいというのが、ぼくが唯一かいちゃんに望むこと。プラス、困っている人を助けてあげられる、優しい人に育ってくれたら最高です。

「かい」という名前は、ぼくが決めました。

ゆっこからは、男の子にも女の子にも当てはまるような名前がいいとだけリクエストされていて、思いついたのが「かい」です。ひらがなですが、もし男の子だったら、「開」という漢字にしようと思っていました。「切り開く」っていうイメージが、なんだかしっくり来たので。

自分の運命を切り開く……と言うと、ちょっと大げさかな。

でも、自分の世界を、価値観を、自分の手で開いていってほしい。世の中の偏見にとらわれず、自由で優しい女の子に育ってほしいと、父は思っています。

娘をつなぎとめておくために YouTubeを始めた

ゆっこ

かいちゃんが初めてYouTubeに出たのは、２０２０年の冬。彼女が5歳のときです。トトちゃんとかいちゃんと私の3人で、のんびりお買い物をする様子をアップしました。

他のどのYouTubeチャンネルでもそうだと思いますが、いつだって、カメラを過剰に意識するのは大人だけ。いたって自然体なかいちゃんに対して、初期の頃のトトちゃんは、「まだ〝オン〟じゃないから」と、変に緊張してカメラに映りたがらないこともありました。動画を撮り始めて3年経った今は、さすがに慣れてきましたけどね。

トトちゃんとコミュニケーションをとるかいちゃんの姿に、視聴者の方から、「優しい」「賢い」といったコメントをたくさんいただきます。そう言っていただけることは、親として素直に嬉しく、ありがたい気持ちでいっぱいです。

でも一方で、いつかはかいちゃんが「出たくない」と言い出す日が来るかもしれないという覚悟もあって。そうなったときに、私とトトちゃんの2人でもチャンネルを運営していけるよう、なるべく夫婦を軸にした動画を発信していけたらいいなとも考えています。

半年ほど前にアップした、ドラマ『silent（サイレント）』の感想を2人で語り合う動画は、それが少し叶《かな》った気がして嬉しかったですね。ドラマをきっかけに、「みゆみゆチャンネル」を初めて観たという若い方もたくさんいて、私たちにとっても多くの発見があった動画になりました。

あらためて、YouTubeを始めたきっかけについて、少しお話しします。

そもそも、なぜチャンネル名が「みゆみゆ」なの？と、不思議に思っている方もいらっしゃるのではないでしょうか。このチャンネルはもともと、私の長女である「みゆか」と私が始めて、それをそのまま引き継いだものなんです。

みゆかとYouTubeを始めたきっかけは、端的に言えば、彼女を悪い道に行かせないようにするためでした。

当時みゆかは、高校を卒業したばかりのフリーターで、どこか心ここにあらずの状態でした。就職する気も進学する気もなく、何にも熱中するものがない様子。親としては心配だったので、何か一緒に楽しめることに取り組みたいと思い立って始めたのが、「みゆみゆチャンネル」だったのです。

ちなみに、記念すべき初投稿は、「お母さんに韓国風メイクをしてみた」。365日をすっぴんで過ごす私の貴重なメイク顔が見られるので、ご興味のある方は、ぜひ。

長女みゆか（左）が高校を卒業したばかり。少しずつ家族から離れていく娘を心配し、この後すぐに「2人でYouTubeやってみようか？」という話になりました。（ゆっこ）

ところが、そんな母の気遣いもむなしく、1年も経たないうちに、みゆかが飽きてしまいます。彼氏（後の彼女の旦那さんです）に夢中で、YouTubeどころじゃなくなってしまったんです。いろいろ思うところもありましたが、まあ、夢中になれるものができたならいいかという感じで、「みゆみゆチャンネル」は私1人で運営していくことになります。

でも、果たして何をしよう。私だから発信できることって何だろう？

ぼんやりとそんなことを考えているときに目に入ったのが、トトちゃんの姿です。

耳が聞こえない旦那がいるって、あんまり普通じゃないかも。珍しがって、観てくれる人もいるかもしれない。そんな軽い気持ちで、トトちゃんに出演してもらい、「聴覚障がいの旦那を紹介します」という動画をアップしました。すると、これが予想以上の大反響。今までとは桁違いの再生回数を記録し、本当にたくさんの方からコメントをいただきました。

「面白いので、もっと発信してほしい」

「家族がろう者で同じ環境です。あなたの動画に救われました」

「手話に興味が湧きました」
そうした言葉を見て、心が揺さぶられるようでした。

私たちの動画を観て、ちょっとだけでも、心が晴れたと感じる人がいるのかもしれない。些細な日常風景を発信することで、思わぬところで、誰かの役に立てるのかもしれない。

この頃から、私のYouTubeに対するモチベーションが、少しずつ変わっていくのを感じました。ただしそれは、「使命感」といった類《たぐい》の大げさなものではありません。

障がい者が出る動画ではありますが、「福祉」というジャンルにしたくない。あくまで「ファミリー」というジャンルの中で、ありのままの日常風景を発信することで、誰かが、どこかで、ほんの少し救われる。そういうチャンネルを作っていけたら素敵だなぁと思ったんです。

「ゆっこが望むなら
YouTubeに出てもかまわない」

「YouTubeに出てほしい」
そうゆっこにお願いされたときは、少し驚いたけど、特に深く考えることなくOKしました。当時はまだ、チャンネル登録者数が300人くらいだったので、あんなに大勢の人に観られるとは思ってなかったんです。こんなことなら、初投稿のとき、せめて寝ぐせくらいは直しておけばよかったかな。

動画を撮るときに意識していることは、意識しないようにすること。なるべくいつも通りの自分たちを発信したいから、「今から撮るよ」ではなく、いつのまにか撮っている状態を作れるようにしています。10分の動画を作るのに、2〜3時間カメラを回していることもしょっちゅうです。

ただ、そういう状態を作っていても、初期の頃は苦労しました。ぼくの中でどうしても、カメラが回っているときとそうじゃないときのオンとオフがあるんです。「ちょっとまだ、オンじゃないから」と言うと、ゆっこに「オンもオフも変わらないじゃん」と一蹴されたりしますが……。


話が弾まず、雰囲気が悪くなってボツになることもありました。ぼくのリアクションが薄いと、「もっとノッてよ」と怒られる。ぼく的にちょっと気の利いたことを言ったつもりが、「カメラを意識しすぎ」と使ってもらえない。挙句の果てに、カメラが回っていないときも、「あ、この話、今話さないで動画用にとっておこうかな」ということが増えてきて、ゆっことの会話が減ってきたような……。それは冗談ですが、とにかく、日常生活を自然体で撮るのって、本当に難しいんだなと思いました。

そんな苦労はありますが、なんだかんだ、いつも楽しく撮影しています。基本的に、ゆっこがやりたいことを応援したいというスタンスなので、彼女がやりがいを感じていれば、ぼくは満足なのかもしれません。

「みゆみゆチャンネル」の、今後の目標は？

こんな質問をよくされますが、うーん。パッと思いつきません。立派なことが言えればいいと思うけど、マイペースに、楽しくやっていきたいというのがぼくの正直な気持ちです。

そもそも、ぼくは、視聴者の皆さんからのコメントも読みません。傷つくことが書かれていたら落ち込んでしまうし、逆に、嬉しいことを書かれても浮かれてしまうから。ありのままの自分たちを発信していくのに、「こう見られているんだ」という意識があるとブレてしまいそうなので、そこはあえて、ノータッチでいるようにしています。

それでもたまに、ゆっこから、「動画を観て手話の勉強を始めた」「自分もろう者で、元気が出た」というコメントがあったという話を聞くと、出てよかったなと心から思います。

今は、ろう者のテレビドラマなども少しずつ増えてきましたが、基本的に、メディアやエンタメコンテンツには、障がい者が出る機会はあまりありません。でも現実には、彼らは至るところに存在して、同じ社会の中で生きています。だからもっと当たり前のように、障がい者が表に出てくる世の中になってほしいという思いがあります。

「みゆみゆチャンネル」がその一歩……と言うとおこがましいかもしれませんが、ぼくたちの動画を観て、聴者と変わらない、障がい者の当たり前の日常風景を知ってほしい。

しいて言うならそれが、ぼくがYouTubeに出続けるモチベーションなのかもしれません。

「みゆみゆチャンネル、つまらない」それが理想の未来

ゆっこ

今、多くの方に動画を観ていただき、いろいろなコメントも毎日たくさんいただきます。

耳が聞こえないお子さんがいるお母さんからのコメント。「自分の子どもの将来が心配だったけど、トトさんの家族みたいな未来があると思ったら、楽しみになった」と書いてくださいました。あの言葉は、忘れられません。

単身赴任している旦那さんからの、「妻に会いたくなった」というコメントもありました。いろいろな形の家族がいて、私たちのささやかな動画が誰かに寄り添うきっかけになれたことを、とても嬉しく思います。

今後のチャンネルの目標は、トトちゃん同様、私もこれといってありません。

誰かの救いになれば、という思いはあっても、それありきで動画を発信するわけではないからです。

さらに言えば、正直なところ、日常動画でバズるというのも、ちょっと変な話なのかなぁと思うところもあったりします。例えば、「スシローデート」の動画は予想をはるかに上回る再生回数を記録しましたが、嬉しいと思うと同時に、少し不安になったのも事実です。その不安は、プレッシャーとはまた違う……。リアルな私たちの家族の風景と、視聴者の方のイメージが、かけ離れていくのではないかという不安かもしれません。

少し極端な表現になってしまうかもしれません。

でも、誤解を恐れずに言えば、私たちの動画の再生回数が減っていくことこそが、私たちが思い描く理想の未来なのかもしれません。

今、「みゆみゆチャンネル」を登録していただいている人たちの中には、物珍しさで興味を持った方もいるでしょう。ある家族の日常風景を「面白い」と感じたら観続けていてほしいし、「ろう者って、意外と普通じゃん。つまらん」と感じたら、登録を外してくれればいい。むしろ「ろう者って、普通なんだよ」というのが伝えたいことの１つでもあるので、そう感じてもらえるのは、私たちにとっては喜ばしいことでもあるんです。

そういう意味では、聴者と障がい者が本当の意味で対等になったとき、「みゆみゆチャンネル」はどこにも需要がなくなるのかもしれません。

……そんな風に書いてはみたものの、いざ登録者数が減ってしまうときっと寂しいと思うので、聞き流しておいてください。

いずれにせよ、今自分たちが発信しているものが、障がいを持った未来の子どもたちや、かいちゃんのように、障がい者のいる家族で育つ子どもたちに、何らかの良い影響を与えられたら、すごく嬉しい。

障がいだけではありません。１人親の人、再婚の人、家庭環境が複雑なあらゆる人が世の中にはたくさんいて、でも普通に、こんなに気楽に生きてますっていうことを、多くの人と共有できたら素敵だなって思います。

それが私の、YouTubeに対するモチベーションです。

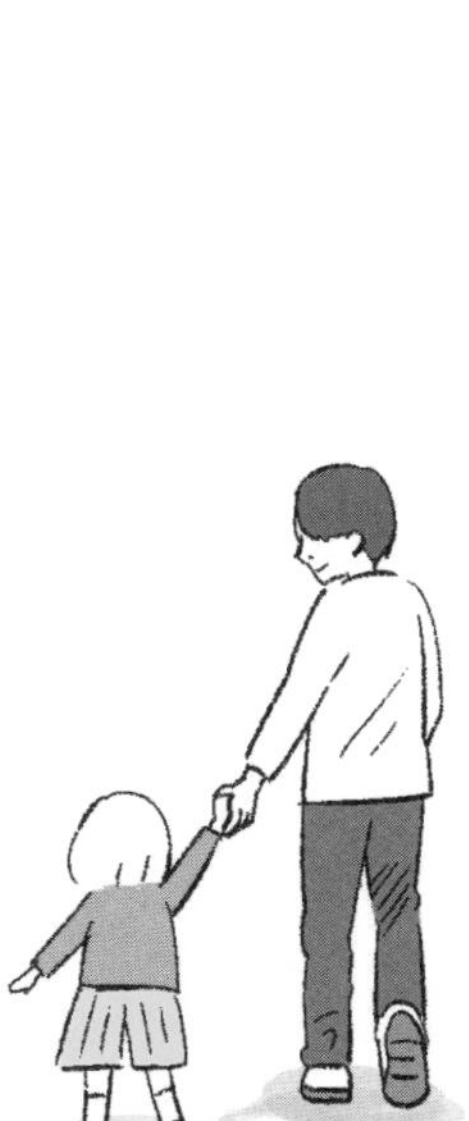

第5章

『そして、今だから思うこと』

障がい者にとって世の中は便利になり続けている

トト

ろう者であるぼくの両親が子どもの頃、外で手話を使ってはいけないと、周囲にキツく言われて育ったそうです。手話を使うことは「恥ずかしい」という認識だったんですね。たった50年前の話です。

少し前まで（あるいは今もなお）、障がいは、その人や周囲の人にとってマイナスであるという考え方が一般的でした。

例えば昔のろう学校では、聴者に合わせられるよう、発音や読話の訓練に時間が割かれていたようです。実際に、ぼくが通っていた学校でも発音の授業があり、たまごボーロを舌の上に乗せて声を出すという訓練をよくやらされました。

とはいえ、わが家はデフファミリーだったので、ぼくが発音の練習をしたところで、それが正しいかどうか判断できる人間が誰もいない状態。なので結局、ぼくの発音は、大人になっても上達することはありませんでした。

今では、手話を使うことを「恥ずかしい」と思う人はあまりいません。それどころか、ゆっこのように「かっこいい」と感じる聴者もいるようです。そう考えると、短い時間の中で、世の中の価値観は随分と変わるものだと思います。

時代を追うにつれて、世界は、障がい者にとって確実に便利なものになりつつあります。それについては、インターネットの存在を抜きに語れません。

インターネットが使えるようになって、便利になったこと。

最初にお話しした通り、旅行先のホテルやレストラン、交通機関などあらゆる予約をネットで行えるのは革命的でした。電話が活用できないため、ネットが普及する前はわざわざ現地まで足を運び、空いているかどうかを運に委ねるしかなかったので。

また、電車が止まったときに、ツイッターなどを使って、運行状況をリアルタイムで確認できるのも便利です。電車に限らず、何かトラブルが起きた際に、ネットで即座に状況を把握できるのは、ろう者にとって、とてもありがたいことでした。

受け取れなかった宅配便も、以前は宅配業者まで足を運ぶ必要がありましたが、今はネットで再配達の依頼ができる。オンラインで手続きができるようになったものは他にも本当にたくさんあって、枚挙にいとまがありません。

ぼくはちょうど、インターネットがなかった時代も経験している世代です。だからこそ、ネットがいかに大きな変化をろう者にもたらしたかを、日々実感しながら生きています。

ろう者がいる職場では「情報保障」が何よりも大切

トト

一方で、障がい者が生きづらいと感じることも、まだまだあります。例えば、雇用面です。

ぼくが勤めている特例子会社に限らず、雇用に障がい者枠を設けている企業が急速に増えてきています。それ自体はとてもありがたいことです。ただ、実際に働くと、ただ仕組みがあるだけでは現場は上手く回らないということを実感することもあります。

問題点はどこにあるのか。

あくまで、ろう者のぼくの立場からの意見として聞いてください。

ぼくが一番必要だと感じているのは、情報保障。つまり、どんな些細なことでも、すべての情報を全員が共有することです。

聴者からしてみれば、取るに足らない小さな情報かもしれません。でも、それを把握していないいろう者にとっては、仕事に対する不安の種になったり、のけ者にされているような疎外感を抱くきっかけになってしまいます。手話でもジェスチャーでも、時間があるときに紙に書いて伝えてくれるのでもいい。その配慮があるかないかで、お互いの信頼関係に差が出てくると思うんです。

それから、同じコミュニティの中に、悩み事を相談できるフラットな立場の人がいれば、とても心強いです。

聴者が働く企業でも、職場カウンセラーや社内相談窓口を設置しているところは少なくないでしょう。同じように、障がい者にも、人に相談しづらい悩み事や、日常的な雑談ができるような窓口があればいいなぁと思います。

窓口をわざわざ設けなくても、手話ができる人が1人いるだけで、会社の雰囲気は随分変わる気がします。これは実際に、勤めている特例子会社で、手話ができるゆっこの存在が大きな支えになったからこそ、実感していることです。

お節介と思われても ろう者と接点を持ち続けること

ろう者がいる職場について私が考える問題点は、彼らにどう接すればよいかわからないと感じる聴者が多いことです。

この仕事を頼みたいけど、無理なことはさせたくない。
連絡事項があるけど、あの人には直接関係ないから伝えなくていいか。
これを頼むのは失礼かも。自分でやった方が早いな。

こんな風に思ってしまう聴者に悪気はなく、むしろ善意の気遣いや遠慮が根底にあります。
だけど、それがときには、見えない差別や「できないだろう」という決めつけにつながってしまう。そして、ろう者とのコミュニケーションの機会がどんどん減っていき、お互いの間に決定的な壁ができてしまいます。

反対のパターンもあります。

端的に言うと、とにかく手助けしようとグイグイ来るタイプの人。

トトちゃんの話にもありましたが、「できない」という決めつけがあって、何でも先回りしてやってしまう人です。言い方は少し悪いですが、「障がい者に優しい自分」に酔っている感じもあって、それもそれで、何か違うかなっていう気もします。

でも、率直な私の意見としては、前者でいるよりは、後者でいる方がよっぽど学びがあると思います。

ろう者に迷惑がられたり、「お節介だ」と思われたりすることもあるかもしれないけど、実際のところ、やってみないとわからないこともたくさんあって。「これをやったら失礼かも」という変な遠慮で踏み込めないでいるよりは、難しいことは考えず、とにかくコミュニケーションをとることが先決だと思うんです。

そういう意味では、「障がい者に優しい自分」に酔っていたって、そんなに悪いことではないのかもしれません。むしろ、他人の利益のために尽くす行動は「利他的行為」と呼ばれ、そこにある種の幸福を覚えることは、人として至極当たり前のことだそうです。

それならば、最初はその気持ちに素直に従って、いろいろな人に積極的に関わっていくのもあり。そこからトライアンドエラーを繰り返して、自分なりの、障がい者との距離感を学んでいけばいいのかもしれません。

複雑に見えるけど実は「お互いに慣れていないだけ」

ろう者とどう接してよいかわからない聴者が多いと言いましたが、それはろう者も同じこと。トトちゃんが聴者を「宇宙人」と感じていたように、ろう者もまた、聴者とどう接してよいかわからないと感じている人が少なくないと思います。

健常者と障がい者の間に壁があるとしたら、それは単純に、両者がお互いに対してどう接してよいのかわからないだけ。ちょっと大雑把な考え方かもしれませんが、シンプルに「慣れ」の問題に尽きるのでは？と思うこともあります。

では、壁を少しでも薄くするために、どうすればお互いの存在に「慣れ」ることができるのか。

それには、とにかくお互いが接点を持つこと。例えば、小学校のときから、もっと両者がコミュニケーションをとれるような機会を作ってあげてもいいかもしれません。トトちゃんが子どもだった頃に、実際にそれを目的とした、聴者との交流会があったそうです。彼はそのときのことをよく覚えていて、「周りが何を言っているかわからなくて、すごくイヤだった」とボヤいていましたが、私としては、それでも積極的にやっていくべきだと思う。

子どもって、普通じゃないものや、人と違う子どものことを嫌う傾向にありますよね。そうではなくて、普通じゃないから面白いっていうことを伝えたい。

面白いと感じなくても、世の中にはいろいろな人がいて、みんなが〝普通〟だし、〝普通〟じゃないんだっていうことを、なるべく早いうちから教えてあげることが大切な気がしています。その一助として、ろう者や盲者、車いすに乗っている人など、自分とは違う身体的特徴を持っている人と一緒に過ごす時間を作ることが、子どもの意識に何か変化を生み出すかもしれない。〝普通〟に対する考え方が、ほんの少しだけでも広がる可能性もあります。

今でもそういうプログラムはすでにあると思いますが、もっともっとその機会を増やして、小さい頃から障がいを「その人らしさ」ととらえられるような感性を育めればいいなぁと思います。

ちなみに私は、トトちゃんの聞こえないところを「チャームポイント」だと感じています。のろけてすみません。

聴者と障がい者の間にある壁を透明化していく

よく、健常者と障がい者の間には壁があるという言い方をします。世の中が便利になったとはいえ、それでもまだ存在する障がい者であることの生きづらさを、世間的には「壁」と表現しますね。

でも、ぼくはイマイチ、この「壁がある」という感覚がよくわからない。

なぜなら障がい者に限らず、男女や年齢や性的マイノリティ、国、人種、職業など、世の中のあらゆるところに「壁」は存在するからです。

壁があるのは、ある意味では当たり前だし、それがなくなることはないと思う。だから、無理に壁を壊そうと考えるのではなくて、透明化することが大切なんじゃないかな。

ぼくはゆっこと一緒になって、多くの聴者と親しくなり、今はろう者も聴者も変わらないという感覚を持っています。

でも、どうしたって、自分は音のない世界で生きているし、聴者は聞こえる世界で生きている。現実問題として、その「壁」は消えないわけで、すべてを共有するのは不可能なのです。

それは外国人に抱く感覚とも似ています。

仮にぼくが英語に堪能だったとして、英語圏の人と仲良くなったとしても、お互いに育った文化が違うから、すべての感覚を共有するのは難しいこともある。それと同じように、ろうという文化で育ったぼくは、お互いの文化を尊重し合うという形で聴者と向き合う必要があると思っています。

壁を透明化するというのは、お互いを理解し、尊重し合うこと。

無理に壊そうとせず、「知ろう」というスタンスでいることが、本当の意味での多様性なのだと思います。

壁を透明化するための手段は、コミュニケーションです。ろう者に限って言えば、やっぱり、手話ができることはお互いにとって大きい。だから、「みゆみゆチャンネル」で「手話の勉強を始めました」というコメントをいただくと、本当に嬉しくなります。もちろん、手話を勉強しなくても、「ろう者ってどんなことを考えてるんだろう？」と少しでも思ってもらえるだけで、それが「知る」の第一歩になります。

この本を読んでいただいた方の中にも、手話やろう者に興味が湧いたという方がいれば、こんなに幸せなことはありません。

もちろん、「ろう者って思ったより苦労してないんだな」とか、「聞こえなくても麻雀打てるんだ」くらいのテンションでも、それを知っていただけたことが、ぼくにとっては大きな喜びです。

深く考えないから
どんなことでも受け入れられる

ゆっこ

ここまでいろいろ書いてきましたが、基本的に、私、考えすぎないんです（楽観的）。

最初の結婚から出産、ろう者であるトトちゃんとの出会い、再婚、そしてかいちゃんの誕生。すべて〝勢い〟と言いますか、そのときに自分が「これだ！」と思う道に突き進んで、今に至っています。

深く考えずに生きてきた分、先のことへの不安とも一切無縁です。困ったことがあれば、そのときに考えればいいやと思うタイプ。そんな私が思うことは、多くの人が、いろいろなことを考えすぎているのではないかということです。

例えば、「多様性」という言葉についても、多くの人がその意味を考えすぎて、ハードルが上がっている気がします。

差別するべからず。自分と違う人に対して失礼なことを言ってはいけない――そんなことを考える前に、まずはその人に興味を持たないと、何も始まりません。そして、難しく考えすぎずに、千差万別であることを楽しみたい。

単純に、自分とは違う個性の人がたくさんいた方が、人生、面白いと思うんです。どこもかしこも自分みたいな人間ばかりだったら、ウンザリしてしまいませんか？

さらに、今の時代なら、人と違うことがビジネスチャンスにつながる可能性だってある……っていう言い方は炎上を招くかもしれませんが、そのくらいラフに考えていいんじゃないかって思っています。

「みゆみゆチャンネル」が、ろう者の子どもや未来の障がい者に良い影響を与えられれば嬉しい……というお話は、先にした通りです。

その延長で、今、私の頭の中にあることは、障がい者に限らず、もっとたくさんの子どもたちが幸せになればいいなということ。

例えば、親がいない子どもたちと、不妊に悩む夫婦たち。今、里親という制度にすごく興味があって、この制度がもっと上手く機能するにはどうするべきかということについて考えたりしています。

難しいテーマなので、自分の意見を安易に発信したりはできません。多角的に物事を考え、思慮深くあるべき、とは思いつつ……。ひょっとしたら、これも難しく考えすぎているだけで、より多くの人が幸せになれる道を、シンプルに追求すればいいのでは？と感じたりもします。

それは私が、少し特殊な家庭環境で身をもって学んだことでもあります。

人が最優先するのは、いつだって自分の幸せのこと。変に他人に期待すると、物事を難しく、ややこしく考えてしまいがちなので、一度それらをすべて捨て去ってみる。まあこれは、ある種のあきらめとも言えるかもしれませんが、決してネガティブな思考ではなく、フラットでいるために必要な考え方だったと思っています。

逆に、そんなフラットな状態でいれば、偏見なしで、どんなことでも受け入れられるようになる。結果、自分の価値観がもっと広がって、たくさんの人に興味を持てる。好きになれる。

それが、考えなしでいることの強みかもしれません。


思い返せば、私の両親も、ろう者の夫や娘たちとの関係性も、いわゆる〝普通〟の家族のロールモデルとはちょっと違うものでした。


でも。いや。だから、かな。

結果的に今の私があって、大好きな人たちに囲まれて。

今、とっても幸せです。


でこぼこな人生から学んだことを私なりに活かして、誰かの役に立てたら。

そんな願いをこっそり胸に抱きながら、マイペースな夫と元気いっぱいの娘たちとの日々を楽しむ毎日です。

コラム2

「みゆみゆチャンネル」の思い入れのある動画について語ろう

「初めての鹿児島大隅半島へ家族旅行！東京しか知らない子供が見る景色」他、鹿児島県に旅行に行ったときの動画

一番苦労した動画

ゆっこ

これは鹿児島観光局による、初めての案件動画。案件っていうのがどういうものかわからなかったから、同行したみゆかを含め、家族4人でずっと必死だったのを覚えてる。動画では終始楽しそうだけど、実はカメラが回っていないときは、ずっとコンビニでサンドイッチとか食べてました。限られた時間で

ちゃんと撮れ高を確保しなきゃいけないっていうプレッシャーがあって、大人3人でずっと焦ってて。体力的にも本当に大変だったけど、完成した動画も満足の出来で、今となっては良い思い出です。

一番思い出深い動画

ゆっこ

「【silent】結婚する時の不安や、妻が覚悟した事。聞こえない夫と聞こえる妻のドラマに関するリアルな思い。【silent に思う事】・3、4話後」他、『silent』の感想動画

予想以上に反響が大きくてびっくりしたという意味で、思い出深い動画。あれを投稿するとき、サムネに『silent』の画像を入れた方がいいのかどうか、すごく悩んで。画像を入れてしまうと、ドラマを観ていない人がクリックしなくなっちゃうかなっていう不安があったんです。でも、そんな心配は全く無用で、とにかく再生回数がめちゃくちゃ伸びた。特に、今まで「みゆみゆチャンネル」を知らなかった若い人たちからのアクセスが増えて、間口が広がったことが嬉しかったです。

一番思い出深い動画

トト

「この後、大変身します!!!!!!!」 大変身ちゃんねるとのコラボ動画

他のチャンネルとのコラボも含め、いろいろなことが初体験で印象に残っています。「大変身ちゃんねる」は、元ホストのクリスさんと元理容師のしぶやさんの2人で運営していて、髪の毛をカットするだけでなく洋服も一式揃えて文字通り大変身

させるチャンネル。このコラボではお2人がぼくを変身させるっていう企画だったんですが、ゆっこのリアクションが「イマイチ」という感じで、それがおかしかった。コメントで「ひどい女だ」みたいなことを書かれて、ゆっこも果敢にそれに反論して、プチバトルが展開されたっていう後日のエピソードも含めて思い出深いですね。

再生数はそこまで多くないけど、個人的に好きな動画

トト

「漢字検定2級の優等生・妹(JK)参戦! 漢字テストで対決します! 漢字は得意ですか?」

ゆっことみゆか、ねねちゃんの3人で漢字クイズをやった動画。ぼくは出ていないんだけど、漢字の問題はぼくが作成しま

した。とにかく3人のリアクションが面白かったな。家族みんなで一緒に作った感じがして、大好きな動画です。

再生数はそこまで多くないけど、個人的に好きな動画

ゆっこ

「【ドッキリ検証】初めて旦那さんを検証してみました」他、ドッキリ動画全般

ドッキリ動画って、やっててすごく楽しくて、いつも笑いながら作ってるんです。でも、なぜか伸びないどころか、「そういうのが見たいわけじゃない」とコメントに書かれたりするので、需要がないんですよね……。でも、これからも、私が楽しいからという理由だけで、ドッキリ動画を投稿する可能性はあります。

この動画のゆっこが好き！

トト

「鬼（嫁）の目にも涙か。【銀の盾】で泣く理由。最後は笑顔で〇〇を作る」

チャンネル登録者数が10万人を突破して、YouTubeから銀の盾をもらったときの動画です。ゆっこの努力が報われて本当に嬉しかったし、泣いているゆっこを見ていたら、ぼくも感動してしまった。これを撮影したときのことを思い出すと、今でも心がジーンとします。

この動画のトトさんが好き！

ゆっこ

「【聞こえない夫と聞こえる妻のVlog】パパ大変身と妻のおねだり」

トトさんが美容院に行ってパーマをかけるんですが、これが私的にめちゃくちゃカッコよくて、大好きです♡　ちなみに、かいちゃんは気に入らなかったらしく、変身したパパを見て「いつ戻るの？」と泣いていました。

おわりに

トトです。最後までお読みいただき、ありがとうございました。

当初、「はじめに」はぼくが書いて、「おわりに」はゆっこが書く予定だったのですが、「そんな長文は書けない」と言われたので結局ぼくが書いています。

「みゆみゆチャンネル」の動画はすべてゆっこが編集しています。実際にやってみるとわかりますが、動画を編集するのにもそれなりのスキルとセンスが必要です。ぼくにはそんなスキルもセンスもないので、せめて文章だけはと思い、筆を執りました。


今、パソコンを喫茶店へ持ち込んでこの原稿を書いているのですが、お店での注文時、細かい要望があるときにスマホを使うと簡単に伝えることができます。それまでは紙とペンを常に持ち歩いていたことをふと思い出しました。スマホが出てきて便利な世の中になったなとつくづく感じます。

おわりに

第2章で「映像に字幕があるのが当たり前の時代」と書きましたが、実はまだまだ字幕の付かないテレビ番組もあったりします。また、映画も字幕が付かないことが多く、付いたとしても2日限定といったパターンがよくあります。YouTubeも黎明期は字幕が付かないのが当たり前でした。今でこそCC（自動キャプション機能）で観られるようになっていますが、昔は音声認識技術の精度が低く、何を言っているかわからない状態でした。

それでも自分が小学生の頃に比べると字幕の付く番組や映画が本当に増えてきたし、YouTubeに関してもCCの精度がかなり上がってきて、ある程度わかるようになりました。この先もっと精度が上がって、あらゆる映像に字幕が付く世の中になっていくことに期待したいと思います。

また、ホテルや旅館はインターネットで予約できるのがほとんどですが、まだまだ、電話でしか受け付けてくれないところも多かったりします。そういうときは「電話リレーサービス」という通訳オペレーターが通訳してくれるサービスが役立ちます。

一方で、金融機関では本人と直接やりとりできなければNGということもよくあるので、電話リレーサービスを使う方が増えて認知度が上がれば状況が改善されていくのかなと思ったりします。

「昔の方が良かった」と言う方もいるのですが、両親から昔のろう者の置かれた状況を聞いて育ってきたぼくとしては、やはり昔に比べて社会は確実に良くなってきたし、これからもっと良くなっていくだろうと実感しています。むしろ、そういう世の中にしていかなければいけないと思います。

20世紀初頭まで、アメリカにろう者も聴者もみんな手話で話していた島があったそうです(興味がある方は『みんなが手話で話した島』(ハヤカワ文庫NF)を読んでみてください)。まさにろう者にとってのユートピアです。

でも、聴覚障がい者全員にとって、手話がベストなコミュニケーション方法なのかというと、ぼくにはわかりません。みんなそれぞれ自分に合ったコミュニケーション方法があると思いますし、手話に限らず、それぞれが自分の好きな方法でコミュニケーションできる世の中にしていきたいと思います。

さて、「みゆみゆチャンネル」の話に戻りますが、ゆっこがYouTubeを始めたときは正直、ここまで多くの人に観てもらえるとは思いませんでした。皆さんから「面白い」と言ってもらえて、ぼくが動画を作っているわけではないのですが、出演者の1人としてとても嬉しい

おわりに

です。「手話に興味を持った」「手話を覚えたい」と多くの方が言ってくださり、本当にありがたいことです。

ぼくたちは観てくれた人に楽しい時間を過ごしてもらいたいと思っています。同様に、この本を読んで、皆さんが楽しいひと時を過ごせてくれたらとても嬉しいです。さらに、この本をきっかけに「手話ってかっこいい」「ろう者と話してみたい」と感じてくれたのなら、それに勝る喜びはありません。

この本はここで終わりますが、僕たちの生活はこれからも動画であげていくと思います。続きをご覧になりたい方はぜひ「みゆみゆチャンネル」でお会いしましょう。

2023年6月
みゆみゆチャンネル

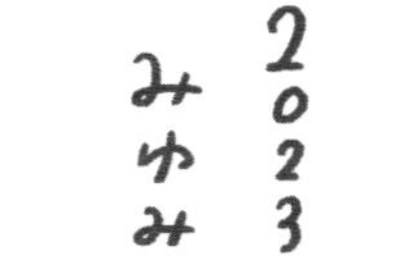

ゆっこ　トト

みゆみゆチャンネル

耳の聞こえない夫・トトさんと、聞こえる妻・ゆっこさんによるYouTubeチャンネル。トトさんは先天性の聴覚障がいを持ち、デフファミリーとして育つ。一方のゆっこさんは専門学校で手話を学び、その後、トトさんが働く特例子会社に通訳者として勤務。この出会いを機に2人は急接近し、娘のかいちゃんの妊娠を機に結婚。YouTubeでは、「耳が聞こえないからといって特別なことは起こらない」という思いのもと、ろう者の日常を発信。そのありのままを映した動画が多くの反響を呼び、チャンネル登録者17万人(2023年6月現在)を超す。

ミカヅキユミ

ろう者のイラストレーター・マンガ家。新潟県在住。

珈琲と人間観察とハンドメイド雑貨が大好き。ブログ「背中をポンポン」にてコミックエッセイ更新中。

座右の銘は「彼を知り己を知れば百戦殆《あやう》からず」。

Twitter @mikazuki_yumi

ぼくは耳《みみ》が聞《き》こえない
それでも妻《つま》と一緒《いっしょ》に住《す》んだら人生幸《じんせいしあわ》せになった話《はなし》

2023年8月1日　初版発行

著者／みゆみゆチャンネル
発行者／山下直久
発行／株式会社 KADOKAWA
〒102-8177
東京都千代田区富士見 2-13-3
電話 0570-002-301（ナビダイヤル）
印刷所／大日本印刷株式会社
製本所／大日本印刷株式会社

●お問い合わせ
https://www.kadokawa.co.jp/（「お問い合わせ」へお進みください）
※内容によっては、お答えできない場合があります。
※サポートは日本国内のみとさせていただきます。
※ Japanese text only
定価はカバーに表示してあります。

 Printed in Japan　ISBN 978-4-04-606344-1　C0095